Les conseils de bon papa

PLANTES DU JARDIN

Les conseils de
bon papa
PLANTES DU JARDIN

Sommaire

Symboles utilisés dans les descriptifs :

- ☼ exposition ensoleillée
- ◐ exposition mi-ombragée
- ☁ exposition ombragée
- ❀ plante facile à vivre
- ☠ plante extrêmement toxique !

Les fleurs d'été

Que ce soit en massifs ou sur le balcon, les fleurs d'été nous éblouissent par leur magnifique floraison luxuriante, du début de l'été jusqu'à l'automne. Outre les hauteurs différentes, le jardinier tiendra également compte de la variété des couleurs et des formes pour une conception diversifiée du jardin.

L'essentiel à savoir

La plupart des fleurs d'été sont des plantes dites annuelles : semées au printemps et plantées au début de l'été, elles fleurissent tout au long de la belle saison et meurent au plus tard avec les premières gelées. D'autres fleurs d'été, les bisannuelles, ont un rythme différent, comme par exemple le myosotis et la pâquerette : semées en été, elles ne donnent jusqu'à l'automne que des feuilles en forme de rosettes tout près du sol. Les fleurs apparaissent au printemps et au début de l'été de l'année suivante. Puis ces fleurs arrivent elles aussi à la fin de leur cycle de vie.

Splendeurs florales éphémères

Alors que les plantes vivaces se reproduisent à l'aide d'organes souterrains et peuvent se multiplier en partie aussi par des stolons, les fleurs d'été ne peuvent compter que sur les graines qu'elles forment pendant leur courte vie. Mais les fleurs d'été ne sont pas toutes de «vraies» annuelles ou bisannuelles. Nombre d'entre elles sont originaires de pays plus chauds où elles croissent comme vivaces pluriannuelles ou comme arbustes. Chez nous, elles sont cultivées comme des annuelles seulement parce qu'en extérieur elles ne résistent pas à la saison froide.

Un nouveau décor floral chaque année

Comme on doit les replanter chaque année, les fleurs d'été apportent toujours de la variété dans le jardin. Si on compose un massif uniquement de fleurs d'été, le changement annuel s'en trouve facilité et permet de nouvelles harmonies de couleurs. Mais on peut aussi associer ces belles éphémères à des vivaces ou entourer de leurs couleurs vives rosiers et arbustes d'ornement. Les bisannuelles sont aussi de précieuses alliées pour accompagner les fleurs à bulbes ou à tubercules qui fleurissent au printemps. La plupart d'entre elles donnent de jolies fleurs à couper.
Presque toutes les espèces présentées aux pages suivantes peuvent aussi être plantées en jardinières ou en pots. Les plantes grimpantes annuelles, qui procurent rapidement un écran visuel, forment un groupe à part.

Beaucoup de fleurs d'été ont fait l'objet d'un immense travail de sélection et existent dans de nombreuses variétés, souvent à fleurs doubles très denses au «charme sauvage». Les annuelles robustes, comme le coquelicot ou le bleuet, sont du plus bel effet dans les compositions champêtres et contribuent à la magie des prairies fleuries.

Que ce soit dans le jardin ou sur le balcon, veillez à composer un ensemble harmonieux.

Les soins réguliers indispensables

Chaque année, il vous faut cultiver certaines espèces à partir de graines, car elles ne sont que très rarement vendues en plants. Mais dès mars ou avril, vous pouvez acheter certaines fleurs d'été – surtout celles pour balconnières – en plants précultivés. Mais attention, ne les plantez pas trop tôt en extérieur. Bien que les gelées nocturnes de mai soient devenues plus rares, le plus sûr reste de ne rien entreprendre avant les «Saints de Glace» (du 12 au 15 mai).
Ne serait-ce qu'en raison de leur plantation annuelle, les fleurs d'été demandent un peu plus de travail que bien d'autres plantes. Pour qu'elles prospèrent et fleurissent de manière optimale, elles ont souvent besoin de beaucoup d'engrais, d'eau, et aussi, à quelques exceptions près, de beaucoup de soleil. Afin que la pleine floraison ne soit pas écourtée trop vite par la formation de graines, il est nécessaire de couper régulièrement les fleurs fanées. Même les plantes désignées comme «faciles d'entretien» exigent un peu plus de sollicitude que bien des vivaces.

Les fleurs d'été : portraits

Pâquerette (Bellis perennis)

La pâquerette, petite marguerite ou encore fleur de Pâques est une vivace largement répandue en Europe en tant que fleur sauvage, et qui aime particulièrement envahir les pelouses. Les formes cultivées quant à elles sont utilisées comme des fleurs d'été bisannuelles. En massif comme en balconnière, ces astéracées décoratives s'accordent avec la plupart des fleurs à bulbes et forment de belles harmonies avec d'autres plantes à floraison printanière.

Plantation : en août ou septembre pour les plants précultivés ; protéger avec des aiguilles de pin pour l'hiver. On peut aussi les faire hiverner en pots.
Entretien : arroser copieusement par temps chaud, sinon maintenir une humidité modérée. Ne pas apporter d'engrais sur les sols bien fumés, sinon donner de l'engrais spécial pour plantes fleuries faiblement dosé toutes les 2 semaines. Pincer régulièrement les capitules.

Portrait ☼ – ◐ ❀

Floraison : de mars à juin
Couleurs des fleurs : rose, rouge ou blanc, en partie avec un cœur jaune bien visible
Hauteur : 10 à 20 cm
Croissance : rosette plate à feuilles en forme de spatule, surmontée au printemps de courts pédicelles
Emplacement: ensoleillé à mi-ombragé ; sol drainé, riche
Utilisation : en groupe dans les massifs et plates-bandes, en balconnières, en pots et en coupes
Espacement : 10 à 20 cm selon la hauteur de crois-

Au printemps, les tiges florales jaillissent entre les feuilles en rosette.

sance de la variété
Ravageurs et maladies : les pucerons ; l'oïdium, la pourriture grise (botrytis).
Les amis : les pâquerettes s'accordent bien avec des jacinthes bleues, des narcisses, des myosotis ainsi que des pensées.

Souci (Calendula officinalis)

Les soucis font partie de la famille des Astéracées (Asteraceae) et sont utilisés depuis des siècles comme plantes médicinales. Originaires du bassin méditerranéen, ils furent cultivés dès le Moyen Âge dans les jardins des cloîtres et des fermes. À l'époque déjà, on les appréciait autant pour la beauté de leurs fleurs que pour leurs vertus curatives.

Plantation : repiquer les plantules à partir de mi-avril en massifs, en balconnières ou en pots.
Entretien : en cas de sécheresse, arroser copieusement, sinon maintenir une humidité modérée et laisser sécher la surface de la terre entre les apports d'eau. Dans le jardin, ajouter de l'engrais toutes les 4 à 6 semaines, dans les bacs toutes les 2 semaines. Si vous laissez une partie des fleurs fanées, les soucis se dissémineront par auto-ensemencement.

Portrait

☼ – ☁ ❀

Floraison : de juin à octobre
Couleurs des fleurs : divers tons de jaune et d'orange, également blanc crème
Hauteur : 30 à 60 cm
Croissance : tige dressée à branches souples ; feuilles oblongues, légèrement ovoïdes, d'un vert frais
Emplacement : ensoleillé ou mi-ombragé ; sol meuble, riche en humus et en matières nutritives
Utilisation : en groupe dans les massifs et bordures, joli dans les jardins style paysan ou champêtre ; aussi en bacs pour les variétés courtes ; bonne fleur à couper et à sécher
Espacement : 20 à 30 cm
Ravageurs et maladies : les pucerons, l'oïdium et le mildiou, les taches foliaires allant du brun au noir.

Conseil de bon papa

Le souci est le baromètre des agriculteurs. À l'approche du mauvais temps et de la pluie, le capitule de cette fleur se referme.

Orange ou jaunes, les soucis égayent chaque massif par leurs couleurs chaudes.

Les amis : les soucis forment de jolis contrastes dans un massif avec des plantes à fleurs bleues et violettes comme le pied d'alouette, l'héliotrope, la verveine, ou en balconnière avec des pétunias.
À savoir: les secrétions radiculaires des soucis inhibent les nématodes nuisibles dans le sol. De ce fait, on les sème également comme engrais vert pour assainir le sol.

Reine-marguerite (Callistephus chinensis)

La reine-marguerite est originaire de Chine et fut introduite en Europe dès le XVIIIe siècle. Depuis lors, sa culture a donné naissance à d'innombrables variétés avec des formes de fleurs et des couleurs différentes. Les variétés à fleurs simples de cette astéracée (Asteraceae) rappellent les asters ou les marguerites, celles à fleurs doubles font penser à des chrysanthèmes ou des petits dahlias. À côté de cela, il existe des cultivars comme l'aster diplostephioides, à pétales rayonnants, fins et effilés en capitules serrés, qui ont un charme tout particulier.

Les reines-marguerites fleurissent jusque tard dans l'automne.

Plantation : à partir de fin avril, en cas de climat plus rude seulement à partir de mi-mai.
Entretien : arrosez abondamment en période de sécheresse, mais ne laissez pas les plantes dans un excès d'humidité. Fertilisez toutes les 4 à 6 semaines dans le jardin, toutes les 1 à 2 semaines dans les pots. Coupez les capitules fanés, y compris les tiges des fleurs. Il est conseillé de tuteurer les variétés hautes.

Portrait

Floraison : de juillet à octobre
Couleurs des fleurs : blanc, crème, jaune, rose, rouge, violet, bleu, souvent avec un cœur jaune vif
Hauteur : 20 à 80 cm
Croissance : variétés naines : port buissonnant et dense ; variétés hautes : plutôt ramifié et étalé
Emplacement : ensoleillé ; sol perméable, de préférence un peu sableux, riche
Utilisation : en groupe dans les massifs et plates-bandes, les variétés naines en bordures ; les variétés naines et moyennes en jardinières et pots ; bonne fleur à couper
Espacement : 20 à 40 cm selon la hauteur de croissance
Ravageurs et maladies : les pucerons, les limaces ; flétrissement
Les amis : la marguerite, l'alysson maritime, la lobérie érine

Bleuet (Centaurea cyanus)

Le bleuet a sans doute été importé en Europe centrale il y a très longtemps, mélangé aux semences venant du bassin méditerranéen. Autrefois, le bleu légendaire des bleuets bordait de nombreux champs de céréales, mais en raison de la lutte chimique contre les mauvaises herbes, cette astéracée annuelle s'est faite de plus en plus rare. Par contre elle a progressivement conquis sa place dans nos jardins comme plante d'ornement. Avec leurs fleurs tubulaires à languettes, les capitules bleus de la variété sauvage sont très jolis. Au fil du temps s'y sont ajoutées d'autres variétés aux capitules très denses, ainsi que d'autres coloris.
Plantation : à partit de mi-mai, vous pouvez repiquer les bleuets précultivés à l'extérieur dans les massifs.
Entretien : le bleuet supporte très bien la sécheresse ; il suffit d'arroser en cas de sécheresse persistante. Un apport occasionnel d'engrais ne s'impose que sur un sol plutôt pauvre en matières nutritives. Il est

Les bleuets à fleurs simples apportent une touche champêtre dans le jardin d'agrément.

conseillé de tuteurer les variétés hautes, surtout dans les endroits venteux.

Portrait

Floraison: de mai à septembre
Couleurs des fleurs: bleu, bleu violet, rose, pourpre ou blanc
Hauteur: 35 à 90 cm
Croissance: port dressé, à ramifications aérées ; feuilles minces gris vert
Emplacement: ensoleillé ; de préférence un peu à l'abri du vent ; sol drainé, riche
Utilisation: en groupe dans les massifs et bordures, les variétés à fleurs simples surtout dans les compositions champêtres et les prairies fleuries ; les variétés courtes aussi en bacs ; idéale en bouquet
Espacement: 20 à 25 cm
Ravageurs et maladies: les pucerons, les araignées rouges ; l'oïdium.
Les amis: association «classique» avec le coquelicot et les marguerites. Mais les bleuets à fleurs doubles sont aussi du plus bel effet en compagnie de roses.

Œillet (Dianthus)

Dans la famille des caryophyllacées *(Caryophyllaceae)* éphémères, principalement trois espèces d'œillets occupent une place importante parmi les fleurs d'été : l'œillet barbu originaire du sud-est de l'Europe *(Dianthus barbatus)*, l'œillet des fleuristes *(Dianthus caryophyllus)* venant d'Europe méridionale et l'œillet de Chine *(Dianthus chinensis)* importé de Chine.

Plantation: les annuelles à partir de mai, les bisannuelles dès l'automne ou au printemps suivant un hivernage dans un lieu frais et clair.
Entretien: maintenez la terre modérément humide. Fertilisez toutes les 4 à 6 semaines dans le jardin, toutes les 3 semaines en bacs. Les œillets retombants apprécient des apports d'eau et de substances nutritives un peu plus fréquents. Enlevez les fleurs fanées et, pour les œillets de Chine, raccourcissez les tiges après floraison, cela stimule la formation de nouveaux boutons.

Portrait

Floraison: de mai à septembre
Couleurs des fleurs: rose, rouge, violet, blanc ; bicolores ; également jaune pour les œillets des fleuristes

Les œillets de Chine sont remarquables pour leurs fleurs aux pétales frangés.

Hauteur: 15 à 70 cm
Croissance: port dressé buissonnant, retombant pour certaines variétés ; feuilles minces vert foncé ou gris-vert
Emplacement: ensoleillé ; sol bien drainé, riche
Utilisation: en groupe dans les massifs et plates-bandes ; les variétés courtes en bordures, en balconnières et pots ; les variétés hautes comme fleurs à couper
Espacement: 20 à 25 cm
Ravageurs et maladies: les pucerons, les araignées rouges, les thrips ; la rouille de l'œillet, les maladies cryptogamiques telles que l'alternariose et la fusariose. À titre préventif, changez la surface de plantation chaque année.
Les amis: les œillets s'harmonisent avec de nombreuses fleurs d'été bleues, jaunes ou blanches.

Tournesol *(Helianthus annuus)*

Le tournesol ne doit pas son nom uniquement à ses capitules rayonnants mais aussi à sa faculté de tourner constamment ses fleurs en direction du soleil. Aujourd'hui, on voit souvent dans nos champs cette astéracée *(Asteraceae)* originaire d'Amérique du Nord et d'Amérique centrale, cultivée comme plante fourragère ou oléifère.

Plantation : plantez les tournesols précultivés en extérieur à partir de mi-mai.
Entretien : arrosez abondamment en cas de sécheresse, évitez par contre un sol détrempé ou une humidité trop prolongée. Enrichissez d'abord l'emplacement du semis ou de la plantation avec du compost bien mûr et faites un apport d'engrais toutes les 2 à 4 semaines à partir de juin, en fonction de la hauteur de croissance de la variété ; pour les tournesols en bacs, toutes les 1 à 2 semaines. Il est fortement conseillé de tuteurer les variétés hautes.

Portrait

Floraison : de juillet à octobre
Couleurs des fleurs : jaune, orange, bronze, rouge sombre, rouge-brun, au cœur toujours foncé
Hauteur : 30 à 200 cm, rarement plus de 400 cm
Croissance : à port dressé, ramifié ou à tige unique selon le type ; grandes feuilles en forme de cœur d'un vert intense
Emplacement : ensoleillé, chaud et un peu protégé du vent ; sol bien drainé, riche
Utilisation : seul, en groupes ou en rangées dans les massifs et bordures, le long des clôtures ; les espèces naines aussi en bacs à plantes
Espacement : 20 à 50 cm selon la hauteur de croissance
Ravageurs et maladies : en principe, les tournesols ne

Avec leurs capitules exubérants qui illuminent les jardins, les tournesols sont les stars incontestables de l'été.

Conseil de bon papa

Les tournesols ont la faculté particulière d'absorber les toxines des sols. Ils ont même déjà été employés dans les sols radioactifs et à forte teneur en plomb afin de décontaminer la terre.

sont pas fragiles. On ne rencontre que très occasionnellement des problèmes provoqués par les pucerons, l'oïdium ou la pourriture grise (botrytis), due à l'humidité prolongée.
Les amis: les tournesols hauts constituent un joli arrière-plan de massif aussi bien dans les jardins de fleurs que dans les potagers. Ils s'harmonisent parfaitement avec des fleurs champêtres comme le souci, la rose trémière, le zinnia, la monarde, le lupin, la marguerite, le phlox ou le pied d'alouette.

Impatiente (Impatiens walleriana, hybride d'impatiens)

Cette balsaminacée *(Balsaminaceae)* doit son nom à ses floraisons empressées jusqu'en fin de saison et à son «impatience» à expulser ses graines au moindre contact. L'*Impatiens walleriana*, originaire d'Afrique occidentale, est cultivée chez nous depuis longtemps dans de nombreuses variétés. Plus récemment se sont ajoutées les Impatiens hybrides de Nouvelle-Guinée, obtenues par croisement à partir d'espèces sauvages de ce même pays. Elles sont encore plus luxuriantes que les impatientes traditionnelles et souvent un peu plus grandes.

Plantation: les plants étant sensibles au froid, plantez-les en extérieur seulement à partir de mi-mai, en massifs, en bordures ou en bacs à plantes.
Entretien: gardez la terre uniformément humide, mais pas détrempée. En cas de plantation en massif, fertilisez une première fois en début de floraison, puis toutes les 4 à 6 semaines. Pour les plantes en bacs, ajoutez toutes les 2 semaines de l'engrais pour plantes fleuries faiblement dosé.

Les impatientes fleurissent même dans les endroits ombragés.

Portrait

Floraison: de mai à octobre
Couleurs des fleurs: rose, violet, rouge, orange ou blanc ; également bicolores
Hauteur: 15 à 40 cm
Croissance: à port dressé buissonnant, chez certaines variétés aussi mi-retombant ; feuilles ovoïdes, pointues, pour celles de Nouvelle-Guinée en partie brun-vert, brun-pourpre ou panachées
Emplacement: de préférence ombragé à mi-ombragé, les variétés modernes supportent en général bien le soleil si l'humidité est suffisante ; sol bien drainé, riche et pas trop sec
Utilisation: en groupe dans les massifs et bordures, également au pied d'arbustes et comme couvre-sol
Espacement: 20 à 30 cm
Ravageurs et maladies: les pucerons, les araignées rouges, les thrips, les mouches blanches ; la pourriture grise (botrytis).
Les amis: à l'ombre, les fuchsias courts et les bégonias tubéreux sont des voisins très attrayants ; pour les endroits plus exposés, préférez la lobélie, la calcéolaire, ou l'œillet d'Inde.

Lobélie érine (Lobelia erinus)

Ces campanulacées *(Campanulaceae)* ont été importées d'Afrique du Sud il y a environ 250 ans et sont depuis longtemps des incontournables aussi bien en massifs qu'en balconnières, surtout comme compagnes discrètes mais décoratives.

Plantation : à partir de mi-mai en massifs, en jardinières, en pots ou en suspensions.
Entretien : les lobélies aiment une humidité homogène, mais ne supportent pas d'être inondées. Faites un apport d'engrais pour plantes fleuries faiblement dosé toutes les 4 à 6 semaines dans le jardin, toutes les 2 à 3 semaines en bacs. Vous stimulerez la formation de nouvelles fleurs en raccourcissant toutes les pousses d'environ un tiers ; vous la renforcerez encore en ajoutant de l'engrais immédiatement après la taille.

Portrait

Floraison : de mai à août, parfois jusqu'en octobre
Couleurs des fleurs : bleu, violet, rose ou blanc
Hauteur : 10 à 20 cm
Croissance : port compact buissonnant, aussi bien arrondi que tapissant ou retombant ; feuilles minces vert foncé

Les charmantes lobélies sont incontournables dans les massifs et les balconnières.

Emplacement : ensoleillé ou mi-ombragé, de préférence protégé du soleil tapant ; sol bien drainé, riche
Utilisation : en groupe dans les massifs et plates-bandes, en bordures, en jardinières, en pots, en suspensions
Espacement : 20 à 25 cm
Ravageurs et maladies : les mouches blanches ; la pourriture grise (botrytis), les maladies de flétrissement.
Les amis : les lobélies bleues offrent une couleur de floraison qui ne se rencontre pas fréquemment chez les fleurs d'été et elles font par exemple magnifiquement ressortir les fleurs jaunes, rouges, orange ou roses. Cela vaut naturellement aussi pour les variétés blanches, roses ou violettes – lorsque l'harmonie de couleurs est bien choisie. Sa croissance n'étant pas trop vigoureuse, la lobélie peut être associée avec presque toutes les fleurs d'été ou encore avec des vivaces.

Myosotis (Myosotis sylvatica)

Le myosotis sauvage des forêts est très répandu en Europe dans les prairies, les clairières et à l'orée des bois, avec une préférence pour les endroits plus élevés. Ce n'est qu'à partir du XIXe siècle qu'on a appris à apprécier cette boraginacée *(Boraginaceae)* comme plante d'ornement. La sélection et le croisement d'espèces apparentées ont donné naissance à des formes cultivées qui sont devenues incontournables dans la gamme des fleurs bisannuelles de printemps et du début de l'été.

Plantation : plantez en extérieur en août ou septembre et protégez avec des aiguilles de pin pendant l'hiver ; ou bien mettez-les au début de l'automne dans des pots assez grands qui hiverneront dans un endroit frais (6–10°C) et bien éclairé jusqu'au printemps.
Entretien : maintenez une humidité homogène, arrosez en cas de sécheresse ; veillez à ce que la terre ne se dessèche pas trop pendant l'hiver. Dans le jardin, fertilisez toutes les 3–4 semaines ; en bacs, la réserve en substances nutritives du terreau pour pots est généralement suffisante sans qu'il soit nécessaire d'ajouter de l'engrais.

Les petites fleurs bleu clair sont les plus typiques, mais les variétés roses (ci-dessus) ont aussi leur charme.

Portrait

☼ – ◌ ❀

Floraison : d'avril à juin
Couleurs des fleurs : bleu, rose ou blanc, avec œil clair ou foncé
Hauteur : 15 à 30 cm
Croissance : à port buissonnant compact ; feuilles minces, d'un vert frais, recouvertes d'un duvet
Emplacement : ensoleillé ou mi-ombragé et frais ; sol bien drainé, riche en humus et pas trop sec
Utilisation : en groupe dans les massifs et plates-bandes, bordures de massifs ; en balconnières, en pots et en coupes
Espacement : 15 à 20 cm
Ravageurs et maladies : les pucerons ; l'oïdium, la pourriture grise *(botrytis).*
Les amis : les myosotis s'accordent bien avec les giroflées, les pensées, les pâquerettes ou les primevères des jardins. Ils sont également très jolis en compagnie de tulipes et de narcisses, dont ils mettent discrètement les fleurs en valeur.

Coquelicot (Papaver rhoeas)

Comme le bleuet, le coquelicot dont l'habitat est l'Europe et l'Afrique du Nord est à l'origine une mauvaise herbe poussant dans les champs, qui a pris une place de choix comme plante d'ornement. Dans le jardin, cette papavéracée *(Papaveraceae)* se dissémine souvent par auto-ensemencement.

Les tiges en graines du pavot sont tout aussi attrayantes que ses fleurs.

Plantation: les plants précultivés sont installés en extérieur à partir de mi-mai.
Entretien: n'arrosez qu'en cas de sécheresse ; une fertilisation ne s'impose pas pour une terre de jardin normale. Si vous ne souhaitez pas de réensemencement naturel et si vous ne voulez pas récolter les tiges en graines décoratives, le mieux est d'enlever immédiatement les fleurs fanées.

Portrait

Floraison: de mai à juillet ; en cas de semis tardif, jusqu'en septembre
Couleurs des fleurs: rose, rouge ou blanc
Hauteur: 30 à 80 cm
Croissance: port dressé, tiges graciles peu ramifiées ; feuilles penniformes d'un vert intense
Emplacement: ensoleillé ; sol drainé de préférence calcaire, également sec et pauvre en matières nutritives
Utilisation: en groupe dans les massifs et plates-bandes, dans les zones champêtres, les prairies de fleurs et les rocailles ; joli effet en bouquets
Espacement: 20 à 25 cm
Attention: toutes les parties de la plante sauf les graines sont légèrement toxiques, en particulier le latex blanc dans les tiges.
Ravageurs et maladies: les pucerons, les escargots et les limaces ; l'oïdium et le mildiou.
Les amis: comme dans la nature, le coquelicot se marie parfaitement avec les bleuets et les marguerites blanches ou bien avec le souci et le pied d'alouette, par exemple.
À savoir: le pavot somnifère *(P. somniferum)* est une espèce annuelle de pavot, des capsules duquel on tire l'opium, qui contient la morphine. Il en existe aussi des variétés ornementales, pauvres en morphine.

Œillet d'Inde (Tagetes)

L'œillet d'Inde, ou rose d'Inde, est une astéracée *(Asteraceae)* annuelle, bien connue aussi sous son nom botanique: la tagète *(Tagetes)*. Ces fleurs, originaires d'Amérique centrale, sont cultivées chez nous depuis le XVIe siècle et ont vite conquis une place de choix dans les jardins domestiques.

Plantation: à partir de mi-mai en massifs, en balconnières ou en pots.

Ici, des lobélies bleues mettent en valeur l'orange vif d'un œillet d'Inde.

Entretien: arrosez abondamment en cas de sécheresse, mais laissez sécher un peu la surface de la terre entre les apports d'eau. Fertilisez toutes les 4 à 6 semaines dans le jardin (selon la hauteur de croissance), toutes les 2 à 3 semaines en bacs. Pincez régulièrement les capitules fanés. Tuteurez les variétés hautes de *Tagetes-erecta*.

Portrait

Floraison: de mai à octobre
Couleurs des fleurs: divers tons de rouge et d'orange, rouge, brun-rouge ; bicolores ; crème
Hauteur: le plus souvent 20 à 40 cm, les variétés hautes jusqu'à 100 cm
Croissance: port dressé buissonnant ; feuilles pennées d'un vert intense
Emplacement: ensoleillé, moins de fleurs dans la mi-ombre ; sol bien drainé, riche
Utilisation: en groupe dans les massifs et plates-bandes, variétés basses en bordures de massifs et en bacs à plantes
Espacement: 15 à 30 cm
Attention: les feuilles peuvent provoquer des irritations cutanées.
Ravageurs et maladies: les pucerons, les mouches mineuses, les araignées rouges ; la pourriture grise

(botrytis), les taches foliaires. Hélas, les tagètes sont également un régal pour les limaces, seul le T. tenuifolia n'est pas à leur goût.
Les amis : les œillets d'Inde se marient bien avec la plupart des fleurs d'été, plus particulièrement avec des spécimens à fleurs bleues, violettes ou blanches.
À savoir : grâce aux sécrétions de leurs racines, les tagètes inhibent les nématodes nuisibles dans le sol.

Grande capucine (Tropaeolum majus)

Les tropaéolacées *(Tropaeolaceae)* constituent une famille à part dont la grande capucine *(Tropaeolum majus)* est la représentante la plus connue. Originaire d'Amérique du Sud, elle fut introduite en Europe en 1684. Très vite, ses grandes fleurs agrémentèrent les jardins domestiques. Elle égaie de son charme simple les clôtures un peu ternes.

Plantation : à partir de mi-mai, repiquez les plantules dans les massifs, le long des clôtures ou des treillis pour plantes à vrilles ou bien en bacs.
Entretien : gardez la terre uniformément humide, mais pas détrempée. Fertilisez les plantes avec un engrais pour plantes fleuries, toutes les 4 à 6 semaines dans le jardin, toutes les 2 à 3 semaines en bacs ; une fertilisation trop riche en azote stimule le développement du feuillage au détriment des fleurs.

Le joli feuillage de la grande capucine contribue aussi à son effet décoratif.

Conseil de bon papa

Les fleurs de la grande capucine sont tout aussi comestibles que le feuillage et décorent à merveilles salades et autres mets.

Portrait

Floraison : de juillet à octobre
Couleurs des fleurs : jaune, orange et rouge, plus rarement blanc
Hauteur : 25 à 30 cm, les variétés à vrilles 200 à 300 cm
Croissance : port buissonnant décombant, voir retombant ou grimpant avec des vrilles ; feuilles à nervures claires, en forme de bouclier, d'un vert frais
Emplacement : plutôt ensoleillé, floraison moins abondante aux endroits mi-ombragés ; sol bien drainé, riche en humus et en matières nutritives
Utilisation : les variétés naines en petits groupes dans les massifs et les bordures ou comme couvre-sol, en balconnières, en pots et en suspensions ; les variétés grimpantes pour couvrir les clôtures et les treillis
Espacement : 20 à 50 cm selon la hauteur de croissance
Ravageurs et maladies : la grande capucine est la victime favorite des pucerons noirs. Elle est parfois attaquée par des araignées rouges ou par la rouille.
Les amis : elle voisine avec bonheur avec l'héliotrope et la verveine, dans les jardinières, également avec les pélargoniums.
À savoir : les fleurs et les feuilles sont comestibles.

Verveine (hybrides de Verbena)

La verveine a donné son nom à la famille des verbénacées *(Verbenaceae)*. Les verveines sont généralement des hybrides obtenus par croisements d'espèces d'Amérique du Sud et d'Amérique centrale.

Plantation : à partir de mi-mai en massifs, en balconnières ou en suspensions.
Entretien : gardez la terre bien humide et arrosez abondamment en cas de sécheresse. Fertilisez toutes les 4 à 6 semaines dans le jardin, toutes les 1 à 2 semaines en bacs selon la force de croissance. Enlevez les fleurs fanées.

En langage courant, la verveine est également appelée herbe aux sorciers ou herbe de sang.

Portrait

Floraison: de juin à octobre
Couleurs des fleurs: rouge, rose, violet, bleu, blanc ; aussi bicolores
Hauteur: 20 à 30 cm, la *V. bonariensis* jusqu'à 100 cm
Croissance: port dressé ou retombant, avec de longues pousses jusqu'à 50 cm ; feuilles longues et minces allant du vert intense au vert grisé
Emplacement: ensoleillé ; sol pas trop sec, riche
Utilisation: en groupe dans les massifs et bordures, variétés décombantes comme couvre-sol ; en balconnières, pots et suspensions
Espacement: 20 à 30 cm selon la hauteur de croissance
Ravageurs et maladies: les pucerons, les araignées rouges, les thrips, les mouches blanches ; l'oïdium.
Les amis: les verveines peuvent se combiner avec de nombreuses fleurs d'été. Les verveines retombantes à forte croissance ne s'harmonisent qu'avec des partenaires vigoureux, comme les pélargoniums, les pétunias ou le bident.

Pensée (hybrides de Viola wittrockiana)

Parmi les principales espèces génitrices de la pensée des jardins, on compte notre pensée sauvage *(Viola*

Un classique : les pensées avec leurs grandes fleurs tachetées de noir.

tricolor), une fleur annuelle, voire pluriannuelle qui pousse dans les prairies ou au bord des chemins. Autre espèce appartenant à ces violacées *(Violaceae) :* la pensée cornue ou violette cornue *(V. cornuta)*. Les pensées se rangent parmi les bisannuelles, mais il n'est pas rare qu'elles nous surprennent en repoussant plusieurs fois, et elles peuvent fleurir presque toute l'année.

Plantation : à partir de mi-août ; protégez des gelées nocturnes avec des aiguilles de pins ou une toile de protection. Ou bien au début du printemps, dans ce cas, faites hiverner vos plants précultivés dans un endroit clair et frais.
Entretien : maintenez une légère humidité homogène. Dans le jardin, fertilisez après la plantation et en début de floraison ; en bacs, toutes les 3 semaines. Enlevez les fleurs fanées.

Portrait

Floraison : de mars à juin ou de septembre à novembre
Couleurs des fleurs : toutes les couleurs ; souvent tachetées ou panachées
Hauteur : 10 à 35 cm
Croissance : port compact buissonnant ; feuilles oblongues d'un vert intense
Emplacement : ensoleillé à mi-ombragé ; sol drainé, pas trop sec, riche
Utilisation : plantation en groupes au printemps ou à l'automne dans les massifs et les bordures ainsi qu'en bacs, en pots et en coupes
Espacement : 10 à 15 cm
Ravageurs et maladies : les pucerons, les phytoptes, les anguillules des racines, les escargots et les limaces ; la pourriture des collets de tiges et des racines ; l'oïdium, la pourriture grise.
Les amis : comme fleurs de printemps, les pensées se marient bien avec des fleurs à bulbes telles que les tulipes et les narcisses ; comme fleurs d'automne, avec des asters nains d'automne, des bruyères ou des cinéraires maritimes.

Zinnia (Zinnia elegans)

Cette astéracée (Asteraceae), originaire du Mexique, agrémente les jardins européens dès le XVIIIe siècle. Ses fleurs simples, semi-doubles ou doubles égayent le jardin de leurs couleurs très variées.

Plantation : à partir de mi-mai, en massifs et en bacs.
Entretien : gardez la terre uniformément humide, mais jamais trop mouillée. Fertilisez avec un engrais pour plantes fleuries toutes les 2 à 4 semaines. Les fleurs fanées doivent être enlevées régulièrement. En été, tuteurez les zinnias à forte croissance.

Portrait

Floraison : de juin à octobre
Couleurs des fleurs : jaune, orange, rose, rouge, violet, blanc ; aussi bicolores
Hauteur : 15 à 100 cm
Croissance : port érigé, à ramifications touffues ; feuilles minces et cordiformes, velues et rugueuses, d'un vert profond
Emplacement : ensoleillé, chaud et un peu protégé du vent ; sol drainé, pas trop sec, riche
Utilisation : en groupe dans les massifs et plates-bandes, les variétés courtes aussi pour les bacs ou les bordures de massifs ; bonnes fleurs à couper (variétés hautes et moyennes)
Espacement : 15 à 35 cm selon la hauteur de croissance
Ravageurs et maladies : les pucerons, les araignées rouges, les thrips, les anguillules des feuilles, les escargots et les limaces ; les maladies cryptogamiques de taches foliaires et de flétrissement, les maladies virales. Lorsque des plantes dépérissent nettement sans attaque visible d'insectes, trace de succions ou de morsures, les enlever immédiatement.
Les amis : les zinnias s'accordent avec de nombreuses fleurs d'été, très bien par exemple avec le souci, le cosmos, l'œillet d'Inde, l'héliotrope, la verveine ou le tabac d'ornement.

Les zinnias produisent souvent de magnifiques fleurs en pompon aux couleurs vives.

Les plantes à bulbes

C'est au printemps que les plantes bulbeuses entrent en scène, mais certains bulbes fleurissent également en été et en automne. Elles sont pluriannuelles si l'on respecte certaines conditions et l'entretien adéquat.

L'essentiel à savoir

Ces plantes perdent communément leurs feuilles immédiatement après la floraison: les feuilles se flétrissent et fanent. Pendant ce temps, les éléments nutritifs sont stockés dans le bulbe. Ainsi la plante peut traverser les périodes de sécheresse et de grand froid sans souffrir et refleurir de toute sa splendeur à la saison nouvelle. Toutefois, il faut protéger les bulbes de certaines plantes pendant l'hiver.

À propos des oignons et des bulbes

La constitution des oignons des bulbeuses ressemble beaucoup à celle des oignons de consommation : des couches de peaux superposées et charnues entourent le germe situé au cœur de l'oignon. Les bulbes, quant à eux, sont des morceaux de pousse ou de racine épais, plats, ronds ou allongés en forme de fuseau, tels qu'on les trouve chez les bégonias ou les dahlias. Chez certaines plantes bulbeuses, comme les crocus, le bulbe donne naissance à de petits tubercules, séparables du bulbe principal, qui produiront de nouveaux plants. On parle alors de bulbilles ou de caïeux.

La joie du printemps et la splendeur de l'été

Dès la fin de l'hiver, en février, les précoces sortent de terre, comme par exemple le perce-neige et l'hellébore d'hiver. Elles sont suivies par toute une cascade de floraison printanière et pré-estivale haute en couleur. Certaines se prêtent parfaitement à la vie sauvage d'une pelouse ou d'une prairie fleurie, d'autres s'associent à des bisannuelles ou des vivaces pour orner massifs et plates-bandes. Elles sont idéales pour dessiner des touffes de couleurs au milieu des arbres encore dénudés. Leurs feuilles pourront faner avant que le feuillage des arbres ne jette son ombre. Ne les plantez pas toutes au premier plan, mais disposez-les de telle sorte que les végétaux qui se développeront plus tard masquent les feuilles jaunissantes. Il ne faut pas couper celles-ci trop tôt, sinon les bulbes ne pourront pas constituer de réserves suffisantes.

Pendant la période estivale et jusqu'au milieu de l'automne, les dahlias, glaïeuls et lys déploient leur imposante beauté entre les vivaces et les annuelles. Certaines variétés se cultivent également en jardinières, et la plupart des bulbes à floraison printanière poussent facilement en pots ou en balconnières.

La période de plantation et l'hivernage

En général, les oignons sont plantés et enterrés dans le sol pendant leur période de repos. Les bulbes rustiques à floraison printanière se plantent en automne. En revanche, pour la culture en jardinières, le plus simple est de mettre en terre, au tout début du printemps, des sujets prêts à germer.
Les bulbes à floraison estivale ou automnale seront plantés dans le jardin à la fin du printemps ou au début de l'été, une fois les gelées passées. Fin août, on cessera la fertilisation et on réduira les arrosages pour amorcer la période de repos. Vers la fin octobre, la partie aérienne est coupée et les bulbes sont déterrés pour être conservés dans un endroit aéré, sec et frais, à l'abri du froid (dans des caisses, sur un lit de sable ou de tourbe). Munissez les bulbes d'étiquettes afin de les reconnaître le printemps suivant. Surveillez-les de temps en temps pendant l'hiver et enlevez les bulbes abîmés.

La hampe florale de la couronne impériale est dotée d'un étonnant toupet de feuilles.

Les plantes à bulbes : portraits

Le bégonia tubéreux (groupe Begonia tuberhybrida)

Espèces et variétés: les bégonias sont classés d'après la profusion de leur floraison en géant, grand, moyen et petit bégonias. En fonction de chaque variété, leur diamètre varie de 5 à 20 cm et leur hauteur de 20 à 50 cm. Les fleurs peuvent être simples ou doubles et les feuilles ont un bord plein, frangé, ourlé ou floqué. Bon nombre de variétés déploient de surcroît des feuilles allant du brun-rouge au noir veiné de sombre. Les bégonias à port retombant forment un groupe à part et garnissent idéalement les suspensions et les jardinières.

Plantation: plantez les bulbes ainsi que les jeunes sujets germés dès la mi-mai ; enfoncez les bulbes, la partie creusée vers le haut, à 2–3 cm de profondeur. Pour obtenir un développement plus rapide, vous pouvez forcer les bulbes. Pour ce faire, plantez-les dans des pots en février ou mars et placez-les à 16–18°C. Il leur faut beaucoup de lumière dès l'apparition des pousses. Mettez-les en terre à la mi-mai.
Entretien: humidifiez régulièrement sans laisser l'eau stagner. Fertilisez toutes les 3 semaines dans le jardin, et toutes les 1 à 2 semaines en jardinière. Supprimez régulièrement les fleurs fanées. Tuteurez les variétés à grosses fleurs hautes. En octobre, pour préparer l'hivernage, coupez les feuilles au ras du bulbe, débarrassez-les de la terre et laissez sécher quelques jours. Puis placez-les dans un endroit frais (5–8°C) et sombre.

Portrait

Floraison: de mai à octobre
Couleurs des fleurs: jaune, orange, rouge, rose ou blanc, bicolores
Hauteur: 20 à 50 cm
Croissance: en touffes ou à port tombant avec des pousses jusqu'à 60 cm de long ; grandes feuilles dentelées vertes

Les variétés à grosses fleurs opulentes rivalisent de splendeur avec les roses.

Plantez toujours les crocus en petits groupes, c'est ainsi qu'ils seront le mieux mis en valeur.

Emplacement : mi-ombragé de préférence, mais aussi ensoleillé ou à l'ombre ; sol bien drainé, riche et pas trop sec
Utilisation : en groupe dans les parterres et les plates-bandes ; variétés les plus courtes en pots, en jardinières, les retombantes en suspensions
Distance de plantation : 20 à 40 cm selon la hauteur de croissance
Ravageurs et maladies : les pucerons, l'otiorrynque, les acariens. L'oïdium et la pourriture grise (botrytis).
Les amis : les bégonias tubéreux s'accordent parfaitement avec les impatiens et les lobélias.

Crocus (Crocus)

Les crocus appartiennent à la famille des iridacées *(Iridaceae)*. Il existe près de 80 espèces et une centaine de variétés botaniques.

Plantation : les précoces sont plantés de la fin août à la fin octobre, les crocus d'automne en août ou en septembre. Enfouissez les bulbes à 5–10 cm de profondeur selon leur grosseur.
Entretien : à peine nécessaire. Arrosez en cas de sécheresse persistante. Enlevez le feuillage après la floraison seulement lorsqu'il est complètement fané.

Portrait

☼ – ☼ ❀

Floraison : de février à avril ou
de septembre à octobre suivant la variété
Couleurs des fleurs : jaune, orange, rose, bleu, violet, pourpre, blanc ; également bi- ou tricolores ou rayées, souvent avec des étamines orange
Hauteur : 5 à 15 cm
Croissance : compacte jusqu'à former des tapis ; feuilles vert tendre et droites
Emplacement : ensoleillé de préférence, la floraison est plus clairsemée aux endroits mi-ombragés ; sol bien drainé, un peu sableux, fertile, riche en humus et matières nutritives, plutôt sec
Utilisation : en groupe dans les massifs et plates-bandes, parsemés sur une pelouse, en bordure d'arbres, en rocaille ; également en pots et jardinières
Distance de plantation : 5 à 10 cm

Ravageurs et maladies : les merles aiment surtout les feuilles des crocus jaunes, les souris, les campagnols et les écureuils mangent les bulbes. En présence d'eau stagnante, dans un sol en permanence humide, la pourriture grise (botrytis) peut se développer.
Les amis : les crocus se marient bien avec d'autres printanières. Ils s'accordent particulièrement bien avec le perce-neige, l'hellébore d'hiver, le cyclamen, l'anémone et le narcisse précoce.

Dahlias (hybrides de Dahlia)

Les dahlias, sont originaires des régions montagneuses d'Amérique centrale. À la fin du XVIIIe siècle, les premiers spécimens issus de la famille des asteracées arrivent en Europe.

Les différentes variétés de dahlias se combinent pour créer un arc-en-ciel de couleurs.

Plantation : les bulbes sont plantés fin avril/début mai, à 5 cm de profondeur. Vous pouvez également les planter dès mars en pot et les laisser pousser dans un endroit aéré à une température de 15 à 20°C. Vous les mettrez en terre à la mi-mai. Tuteurez les sujets à tiges hautes pour soutenir les futures fleurs.

Entretien : humidifiez la terre régulièrement tout en évitant la stagnation de l'eau. Préparez le terrain en incorporant du compost et fertilisez suivant les besoins avec un engrais pauvre en azote et riche en potasse. Supprimez régulièrement les fleurs fanées. À l'automne, juste après les premiers frimas, coupez les tiges à 10 cm au-dessus du sol et arrachez les souches à l'aide d'une fourche ou d'une griffe. Puis débarrassez les bulbes de la terre restante et laissez-les sécher dans un endroit frais (5 à 8°C), sombre et aéré pendant tout l'hiver.

Portrait

Floraison : de juin à octobre
Couleurs des fleurs : toutes les couleurs sauf le bleu, quelquefois multicolores
Hauteur : 20 à 150 cm
Croissance : buissonnante ; feuilles souvent composées de trois folioles, dentelées, d'un vert franc
Emplacement : ensoleillé ; sol léger, riche, pas trop sec
Utilisation : en groupe dans les plates-bandes et massifs ; variétés naines en jardinières et en pots, variétés les plus grandes pour bouquets
Distance de plantation : de 20 à 100 cm selon la hauteur
Ravageurs et maladies : les pucerons, les punaises, les perce-oreilles, les escargots, les araignées rouges, les cigales ; la pourriture grise (botrytis), la moisissure, les maladies virales (virus de la mosaïque, croissance perturbée, feuilles et fleurs déformées).
Les amis : les dahlias s'accordent bien avec les plantes estivales et les vivaces d'ornement. Les associations avec les asters, les cannas, les orpins, les pieds-d'alouette, les cosmos ou les graminées sont du meilleur effet.

Gracieux et modeste, le perce-neige annonce le début du printemps.

Perce-neige (Galanthus nivalis)

Le perce-neige, qui appartient à la famille des amarylliacées *(Amaryllidaceae)*, ouvre le bal des précoces printanières et fait partie des bulbes les plus appréciés depuis très longtemps. Ces dernières années s'est développée une véritable «galanthomanie», et il existe des fêtes et des expositions au cours desquelles sont présentés des espèces et des hybrides que l'on ne rencontre pas habituellement.

Plantation: en automne, de préférence dès septembre. Étant donné que les petits oignons sèchent très vite et ne poussent plus après cela, il faut les planter très rapidement, dans un terreau frais, humide, à une profondeur de 5 à 8 cm.
Entretien: pendant la croissance, le perce-neige appréciera de recevoir un peu d'eau lors des périodes de sécheresse. Pendant la phase de repos, il supporte très bien un été sec. Il pousse mieux en plate-bande que sous les arbustes où le sol est trop desséché. À part cela, ne pas fertiliser et laisser pousser librement. Ne tondre les pelouses peuplées de perce-neiges qu'après le jaunissement complet des feuilles.

Portrait

Floraison: février à mars, parfois dès fin janvier
Couleurs des fleurs: blanches avec des stries vertes, plus rarement jaunes.
Hauteur: 10 à 20 cm

Conseil de bon papa

Toxiques pour l'homme, les bulbes de perce-neige sont un réel délice pour les campagnols. Surtout pour les variétés onéreuses, il convient d'utiliser un grillage métallique ou des corbeilles en plastiques lors de la plantation.

Croissance: port droit ; feuilles en forme d'aviron
Emplacement: ensoleillé mais aussi mi-ombragé ; sol bien drainé, riche, frais, qui ne se dessèche pas trop en été
Utilisation: en groupe dans les massifs, à la base ou devant des arbustes
Distance de plantation: 10 à 15 cm
Attention: toutes les parties de la plante sont légèrement toxiques, les oignons en particulier.
Ravageurs et maladies: la mouche du narcisse, l'escargot ; la pourriture grise (botrytis).
Les amis: les perce-neiges s'allient admirablement avec les crocus, les anémones et les hellébores d'hiver pour annoncer l'arrivée du printemps.

Glaïeuls (Gladiolus)

Cette superbe plante estivale, qui ne résiste pas au froid, fait partie de la famille des iridacées (Iridaceae). Elle est originaire principalement d'Afrique du Sud et a été croisée au cours du XIXe siècle pour donner des hybrides à grandes inflorescences, richement fleuris.

Plantation: de mi-avril à mai. Enterrez les bulbes à 10 ou 15 cm de profondeur.
Entretien: recouvrez les jeunes sujets d'un voile de protection ou avec des pots de fleurs retournés pour les préserver des gelées nocturnes. Arrosez par temps sec. Après la mise en terre et le début de la floraison, fertilisez pendant l'été avec un engrais complet. Plantez des tuteurs pour soutenir les variétés à grande hampe. Éliminez les fleurs fanées. Sortez les bulbes de terre en octobre, coupez la tige à 5 cm du bulbe, nettoyez-le et laissez sécher. Remisez dans un endroit frais (5 à 10°C) et aéré.

Portrait

Floraison: de juin à septembre
Couleurs des fleurs: jaune, rouge, orange, rose, violet, blanc ; également multicolores
Hauteur: 50 à 150 cm
Croissance: en hampes élancées avec des feuilles en forme de sabre d'un vert franc quelquefois bleuté et une floraison vigoureuse
Emplacement: ensoleillé ; sol bien drainé, riche en humus et matières nutritives, frais et calcaire

Avec sa hampe florale somptueuse, le glaïeul à grandes fleurs fait honneur à son nom.

Utilisation: groupés dans les massifs et plates-bandes, au pied de clôtures ou de murs, dans le jardin
Distance de plantation: 20 cm
Ravageurs et maladies: les thrips, les pucerons, les escargots ; la pourriture grise, différentes dégénérescences des feuilles, de la hampe ou du bulbe. En prévention de ces maladies, changez la zone de plantation chaque année.
Les amis: les glaïeuls s'accordent bien avec toutes les fleurs estivales multicolores et toutes les vivaces d'ornement comme les pieds-d'alouette, les œillets, les lys, les rudbeckias et les marguerites. L'œillet nain et l'alysse à fleurs blanches sont d'excellents couvre-sol.

Jacinthe (Hyacinthus orientalis)

Cette plante au parfum envoûtant a donné son nom à la famille des hyacinthacées *(Hyacinthaceae)*. Originaire de l'est du bassin méditerranéen et d'Asie Mineure, la jacinthe est parvenue en Europe centrale au XVIe siècle en passant par Constantinople. À cette époque, elle enchanta le monde par ses fleurs en forme d'étoile et son parfum doux et intense.

Plantation : de septembre à novembre, à 8–12 cm de profondeur.
Entretien : maintenez la motte humide pendant la période de croissance, tout en évitant l'excès d'humidité. Un compost mûr constituera un apport d'engrais idéal en automne ou en début d'année. Les variétés à grosses fleurs, en particulier celles à fleurs doubles, auront besoin d'un tuteur.
Coupez les hampes fanées mais laissez les feuilles jaunir après la floraison. Ensuite, déterrez et entreposez les bulbes dans un local frais et sec. Replantez-les seulement en automne.
Si l'hiver est humide, couvrez-les avec des branchages de sapin ou du feuillage.
La vigueur de la floraison s'amoindrit avec les années, c'est pourquoi il est conseillé de replanter souvent de nouveaux oignons.

Portrait

Floraison : d'avril à mai
Couleurs des fleurs : disponibles dans pratiquement toutes les couleurs
Hauteur : 20 à 30 cm

De toutes les printanières, la jacinthe est sans aucun doute la plus parfumée.

Il existe de nombreux hybrides asiatiques robustes aux couleurs lumineuses.

Croissance : en hauteur, avec des feuilles très droites, vert foncé
Emplacement : ensoleillé de préférence, également mi-ombragé ; sol aéré, riche en humus et matières nutritives ; pas trop sec
Utilisation : en groupe dans les plates-bandes et les massifs ; en bacs, en pots et en vasques
Attention : le parfum entêtant d'une jacinthe installée dans une pièce peut provoquer des maux de tête chez les personnes sensibles.
Ravageurs et maladies : les campagnols et les souris, les pucerons et les nématodes ; la pourriture grise (botrytis), les maladies bactériennes et cryptogamiques.
Les amis : les jacinthes sont particulièrement décoratives en association avec d'autres printanières qui rendent leur silhouette altière plus attrayante, comme les primevères, les anémones, les violettes, les pensées et les myosotis. Elles s'accordent également très bien avec les tulipes et les narcisses précoces et mi-précoces.

Lys (Lilium)

Les lys, plantes herbacées de la famille des Liliacées (Liliaceae), comptent parmi les rares fleurs à bulbe qui fleurissent l'été. D'innombrables variétés et hybrides ont été cultivés à partir des près de 100 espèces européennes, asiatiques et d'Amérique du Nord. Les bulbes de lys sont constitués d'écailles superposées.

Plantation : en septembre ou en octobre, à 10–25 cm de profondeur selon la grosseur du bulbe. Posez les bulbes sur une épaisse couche de sable ou de gravier. Le lys de la Madone en revanche fait une exception : on le plante en août, de sorte que la pointe de l'oignon arrive juste au-dessous de la surface du sol.
Entretien : pendant la période de croissance, arrosez abondamment par temps sec, puis cessez l'arrosage après la floraison. Apportez du compost au printemps pendant la croissance ou alors fertilisez avec un engrais complet. Les espèces hautes ont besoin d'un tuteur dans le cas où elles sont placées dans un

endroit venté. Coupez les fleurs fanées. À l'automne, raccourcissez les tiges en les coupant juste au-dessus du sol, répartissez des branchages sur les variétés fragiles pour les protéger. Si au printemps se déclaraient quelques gelées tardives, il faudrait penser à recouvrir les jeunes pousses d'un voile de protection.

Portrait

Floraison : de juin à juillet, parfois déjà en mai ou tardivement jusqu'en août-septembre
Couleurs des fleurs : jaune, rouge, orange, rose, violet, blanc ; multicolores, mouchetées ou veinées
Hauteur : 40 à 180 cm
Croissance : élancée, plusieurs tiges vigoureuses, munies de feuilles serrées et étroites
Emplacement : ensoleillé, de nombreuses variétés apprécient les endroits mi-ombragés ; protégez les grands lys du vent ; sol léger et frais, riche
Utilisation : en groupe dans les massifs et bordures, autour des plantes arbustives ; les variétés naines en pots ; les variétés hautes en bouquets
Distance de plantation : 20 à 40 cm selon la taille
Ravageurs et maladies : le criocère, les escargots, les pucerons, les campagnols ; la pourriture grise (botrytis), le pourrissement du bulbe en sol détrempé.
Les amis : les lys sont les meilleurs compagnons des roses et s'accordent avec toutes les vivaces.

Narcisse (Narcissus)

Le narcisse appartient à la famille des amaryllidacées (Amaryllidacae) et est originaire du bassin méditerranéen. La structure de sa fleur se caractérise par une couronne extérieure et une couronne intérieure

Plantés en groupes serrés, les narcisses déploient leur splendeur lumineuse.

secondaire, appelée «trompette». Le narcisse jaune est également connu sous le terme de jonquille, qui désigne plus particulièrement le Narcissus pseudonarcissus et ses cousins, et se singularise par la grosseur de sa trompette.

Plantation : en août ou septembre, éventuellement en octobre, à 8–15 cm de profondeur selon la taille du bulbe.
Entretien : arrosez par temps sec pendant la croissance, mais en aucun cas ne laissez l'humidité stagner. En automne ou lors de l'apparition des pousses, fertilisez avec un engrais organique.

Portrait

Floraison : de mars à mai.
Couleurs des fleurs : jaune, orange, blanc ; également bicolores
Hauteur : 15 à 60 cm.
Croissance : port dressé à légèrement penché ; feuilles droites d'un vert pré à bleuté
Emplacement : ensoleillé ou mi-ombragé ; sol bien drainé, frais, riche en humus et matières nutritives
Utilisation : en groupe dans les plates-bandes et les massifs, se naturalise bien dans la pelouse ou en sous-bois ; les variétés naines se plaisent en bacs et en pots, les variétés à tiges longues sont utilisées pour la confection de bouquets
Distance de plantation : 10 à 20 cm selon la hauteur
Attention : la plante contient des substances toxiques qui peuvent provoquer des allergies.
Ravageurs et maladies : la mouche du narcisse, le nématode, l'escargot ; la pourriture, la rouille, la pourriture grise, les maladies virales.
Les amis : les narcisses s'épanouissent bien avec d'autres printanières comme les tulipes, les jacinthes, les primevères, les pensées, les pâquerettes et les myosotis.

Tulipe (Tulipa)

Les tulipes appartiennent à la famille des liliacées *(Liliaceae)* et fascinent depuis des siècles les jardiniers ainsi que les amoureux des plantes. La plupart des 100 espèces viennent à l'origine d'Asie. Près d'un millier de sortes sont l'aboutissement de croisements et de l'hybridation d'espèces, que l'on regroupe sous la désignation de tulipes des jardins ou bien tulipes botaniques.

Plantation : en automne, à 10–15 cm de profondeur
Entretien : maintenez un sol humide pendant toute la croissance. En automne, pendant la pousse, fertilisez avec du compost ou un engrais organique. Coupez les tiges fanées à la moitié. Il est préférable de changer les bulbes de place tous les 2 à 3 ans.

Portrait

Floraison : d'avril à mai pour la plupart, dès mars, jusqu'en juin
Couleurs des fleurs : toutes les couleurs sauf le bleu, parfois de plusieurs couleurs
Hauteur : 20 à 60 cm, plus court pour les tulipes sauvages
Croissance : droite, avec des feuilles larges, pointues et vert-bleu
Emplacement : ensoleillé, mi-ombragé pour quelques tulipes sauvages ; sol bien drainé et frais, riche
Utilisation : en groupe dans les massifs et les plates-bandes ; les tulipes se plaisent sur une pelouse ou

Les tulipes perroquets présentent des pétales frangés, fendus ou frisottés.

L'éventail des couleurs des tulipes s'étend du blanc au violet foncé.

dans une rocaille ; les variétés naines en pots et en bacs, les plus hautes bouquets
Distance de plantation : 10–20 cm selon la hauteur de croissance
Attention : la sève de la plante peut provoquer des allergies cutanées.
Ravageurs et maladies : les campagnols, les souris, les escargots, les pucerons, les nématodes (attaquent les racines) ; la pourriture grise (botrytis ou «feu de la tulipe»), la dégénérescence de l'oignon et les maladies virales.

Les amis : les tulipes s'harmonisent parfaitement avec toutes les plantes printanières, mais faites attention aux différentes périodes de floraison selon les variétés.

Conseil de bon papa

Si vous souhaitez créer des formes d'échiquier et géométriques avec les tulipes, utilisez de préférence des boîtes à œufs usagées pour la plantation.

Les vivaces

Attrayantes, durables, faciles à entretenir et d'une grande diversité : les vivaces sont pratiquement incontournables dans le jardin. Outre la couleur, la hauteur des plantes joue un rôle important pour la conception d'un jardin. Les vivaces permettent de créer d'intéressants échelonnements !

L'essentiel à savoir

Rubeckia, aubriète, herbe de la pampa ou sédum, toutes ces plantes correspondent à la définition des vivaces : elles vivent plusieurs années, souvent même très longtemps, mais sans que leurs pousses se lignifient. Leurs parties aériennes meurent pendant l'hiver ou après la floraison. Elles survivent alors à l'aide de leurs organes souterrains et repoussent à la nouvelle saison. Certaines vivaces produisent de fortes racines dans lesquelles elles stockent les matières nutritives nécessaires jusqu'à la repousse. Mais bien plus souvent, ce sont les rhizomes qui servent d'organes de stockage. Ces rhizomes sont aussi qualifiés de griffes, il ne s'agit en effet pas de racines, mais de bourgeons souterrains souvent charnus.
Chez certaines vivaces, on trouve aussi souvent de fins stolons qui se forment sous ou à la surface de la terre : ce sont des bourgeons transformés qui s'utilisent facilement pour la multiplication.

Des vivaces à profusion

Les vivaces sont de loin le groupe le plus important de plantes dont on dispose pour embellir le jardin. Si vous cherchez quelque chose de très particulier, étudiez en détail l'offre des jardineries spécialisées en vivaces. On distingue les vivaces fleuries à floraison spectaculaire des vivaces à feuillage décoratif. Les vivaces ornementales contrastent avec les vivaces sauvages, au charme plus proche de la nature.
Selon l'utilisation dans le jardin et les impératifs de plantation, on distingue par exemple les vivaces à massifs, les vivaces à planter en bordure de bosquets, les vivaces de rocailles ou de marais, les vivaces couvre-sols ou encore les vivaces d'ombre.
Enfin, le type de croissance est tout aussi important : de nombreuses vivaces forment des touffes qui deviennent parfois très larges ; les vivaces tapissantes ont par contre un port trapu et une croissance en coussin ou en dôme, d'autres encore s'étalent en tapis.
En principe, on peut aussi compter les fleurs à bulbes et à tubercules parmi les vivaces, mais du fait de la forme particulière de leurs organes de stockage, elles sont classées dans un groupe à part. D'autre part, certaines plantes à moitié ou entièrement lignifiées sont assimilées au groupe des vivaces en raison de leur utilisation, comme par exemple la lavande et la bruyère.
Les dates de plantation recommandées dans les portraits suivants se réfèrent avant tout aux vivaces sans ou avec de petites mottes de terre ; les plantes cultivées en conteneur par contre, peuvent être plantées toute l'année – sauf en cas de gel.

Le lys d'un jour et le pied d'alouette sont des vivaces ornementales.

Les vivaces : portraits

Asters d'automne (Aster)

L'espèce très riche des asters, qui a donné son nom à la famille des astéracées *(Asteraceae)*, comporte entre autres de jolies fleurs de printemps et d'été qui jouent un grand rôle dans les jardins de rocaille. Mais celles qui prédominent sont les espèces fleurissant à l'automne. Elles sont en majorité originaires d'Amérique du Nord.

Plantation : à la fin de l'automne ou au printemps.
Entretien : les variétés hautes principalement ont besoin d'une humidité suffisante pendant la période de croissance en été et devraient être tuteurées. Faites un apport de compost ou d'engrais organique au printemps, redonnez de l'engrais si nécessaire au début de la floraison. Après la floraison, raccourcissez les pousses jusqu'à 10–15 cm environ et mettez une couche de paillis sur la plante. Si vous en avez envie, laissez les tiges montées en graines jusqu'au printemps, car elles sont attrayantes dans le brouillard automnal ou le givre hivernal.

Portrait

Floraison : de septembre à octobre/novembre
Couleurs des fleurs : blanc, rouge, rose, violet ou bleu
Hauteur : 20 à 150 cm
Croissance : larges touffes à port buissonnant, en coussin pour les asters nains ; feuilles vertes lancéolées, très minces chez les asters éricoïdes

Les asters de Nouvelle-Angleterre forment de grosses touffes, buissonnantes et très florifères.

Emplacement : ensoleillé ; sol frais bien drainé, riche en humus et en matières nutritives
Utilisation : seule ou en petits groupes en massifs et bordures, dans les compositions champêtres, aussi en bac à plantes pour les asters nains ; idéale en bouquets
Distance de plantation : 30 à 90 cm selon l'espèce
Ravageurs et maladies : les anguillules des feuilles, les pucerons, les escargots et les limaces ; l'oïdium, la pourriture grise, les taches foliaires fongiques et des maladies de pourrissement.
Les amis : les asters d'automne s'accordent bien avec les chrysanthèmes d'automne, les rudbeckias, les dahlias et les graminées d'ornement.

Astilbe (Astilbe)

Les astilbes appartiennent à la famille des saxifragacées *(Saxifragaceae)* et sont principalement originaires d'Asie orientale.
On les plante dans les endroits ombragés pour leur feuillage attractif à feuilles pennées et leurs capitules gracieux en forme de plume.

Plantation : la meilleure période de plantation est le début du printemps ou la fin de l'automne.
Entretien : arrosez abondamment en cas de sécheresse. Faites un apport de compost en automne ou au printemps. Pendant les hivers froids, protégez les jeunes plantes avec un paillis de feuilles mortes ou d'aiguilles de pin. Coupez les pousses et les pédoncules des fruits de l'année précédente entre les nouvelles pousses. Divisez de préférence tous les 3 ou 4 ans et transplantez.

Portrait

Floraison : de juin à septembre selon l'espèce et la variété
Couleurs des fleurs : blanc, crème, rose, rouge
Hauteur : 20 à 120 cm
Croissance : larges touffes à port droit ; feuilles pennées décoratives d'un vert profond
Emplacement : de préférence mi-ombragé ou à l'ombre claire de bosquets, possible également à l'ombre ; besoin en eau important dans les endroits bien ensoleillés ; sol frais ou humide, si possible peu calcaire, riche
Utilisation : seule ou en petits groupes en massifs et bordures mi-ombragés, en bordures de bosquets,

Les astilbes des jardins comptent parmi les plantes ornementales les plus attractives dans les jardins ombragés.

autour d'un étang ou dans d'autres zones à caractère champêtre ; les astilbes naines également en bacs ; se garde bien en bouquet
Distance de plantation : 20 à 50 cm selon la hauteur de croissance
Ravageurs et maladies : l'oïdium, les taches foliaires fongiques.
Les amis : les compagnes idéales sont l'aconit, les épimédiums, les hostas, les campanules, les cierges d'argent *(Cimicifuga)* et la barbe-de-bouc *(Aruncus dioicus)*.

Campanule (Campanula)

Les campanules constituent une famille spécifique, les campanulacées *(Campanulaceae)*. Elles sont largement répandues dans tout l'hémisphère nord et poussent dans les prairies, les forêts, les marais et les crevasses des rochers. Près de 30 espèces sont proposées chez nous comme vivaces ; beaucoup sont des espèces rares. Elles peuvent être utilisées pour toutes les configurations de jardin.

Les fleurs de la campanule des murets ressemblent à de petites étoiles.

Plantation : les campanules poussent mieux lorsqu'on les plante au printemps. Beaucoup d'espèces ne fleurissent que la deuxième année.
Entretien : arrosez en cas de sécheresse. Apportez un peu de compost, mais seulement tous les 2 ou 3 ans. Tuteurez les espèces hautes. Taillez après floraison pour éviter un réensemencement naturel. Si nécessaire, endiguez les espèces qui se disséminent fortement par graines ou par stolons.

Portrait

Floraison : de juin à août
Couleurs des fleurs : bleu, violet, rose, blanc
Hauteur : 10 à 150 cm
Croissance : en touffes compactes verticales, à port tapissant ou rampant, voire retombant ; feuilles ovoïdes à bout pointu, d'un vert frais
Emplacement : ensoleillé ou mi-ombragé selon l'espèce ; sol frais, drainé, de préférence calcaire, riche en humus et en matières nutritives
Utilisation : en petits groupes dans les massifs et bordures, en rocaille, en bordure de bosquet ; les espèces naines en bac, les plus hautes comme fleurs à couper
Distance de plantation : 10 à 60 cm selon la hauteur de croissance
Ravageurs et maladies : les escargots et les limaces ; la rouille.
Les amis : les campanules se marient avec, entre autres, le pied d'alouette, la cataire, l'ancolie et des espèces de géranium cendré, aux endroits mi-ombragés avec des astilbes et des hostas.

Chrysanthème d'automne (hybrides de Chrysanthemum indicum)

Ces beautés automnales, connues sous le nom de chrysanthèmes des jardins ou chrysanthèmes des fleuristes, appartiennent à la famille des astéracées *(Asteraceae)*. Elles sont originaires de Chine et du Japon et sont cultivées depuis le XVe siècle. Des croisements et de la sélection de différentes espèces sont nées des milliers de variétés. On les désigne parfois aussi sous les noms scientifiques de *Chrysanthemum x hortorum, Chrysanthemum indicum* ou *Dendranthema x grandiflorum*, car l'abondance de variétés a connu plusieurs fois des changements de noms et des subdivisions différentes.

Plantation : de préférence au printemps. Dès le mois d'août, on trouve aussi des jeunes plants en boutons ou en fleurs pour bacs ; plantées en extérieur, elles ne survivront pas aux premières gelées un peu fortes.
Entretien : arrosez abondamment en cas de sècheresse, mais évitez absolument l'accumulation d'eau. Fertilisez au printemps avec du compost ou de l'engrais organique ; si nécessaire, réitérez l'apport au plus tard en juillet ; un engrais trop azoté entraîne une croissance excessive et molle et une mauvaise formation

Conseil de bon papa

De l'été jusqu'au mois de décembre, les chrysanthèmes fleurissent dans des bacs à fleurs, à condition de les protéger avec de la cellophane pendant les rares nuits froides. Ces fleurs tiennent très longtemps sur les balcons à l'abri du vent. Un arrosage régulier est tout ce qui leur faut.

Les fleurs doubles très serrées des chrysanthèmes sont caractéristiques de nombreuses variétés.

des fleurs. Enlevez régulièrement les fleurs fanées et tuteurez les variétés hautes. Recouvrez la base des plantes avec des aiguilles de pin pendant l'hiver ; rabattez seulement au printemps.

Portrait

Floraison : entre août et novembre selon la variété
Couleurs des fleurs : toutes les couleurs sauf le bleu
Hauteur : 40 à 120 cm
Croissance : port droit buissonnant ou large en forme de boule, très ramifié ; feuilles du vert foncé au gris vert
Emplacement : ensoleillé, un peu protégé ; sol bien drainé, pas trop sec, riche
Utilisation : seul ou en groupes en massifs et bordures, les variétés naines en bacs à plantes
Distance de plantation : 30 à 50 cm
Ravageurs et maladies : les anguillules, les pucerons, les mouches mineuses, les araignées rouges, les mouches blanches ; l'oïdium, la pourriture grise (botrytis), les pourritures fongiques.

Les amis : on obtient de très jolis effets en combinant diverses variétés. Mais les chrysanthèmes s'harmonisent aussi très bien avec les asters d'automne, le genêt, les graminées d'ornement, le lierre et les petits conifères.

Pied d'alouette (hybrides de Delphinium)

Les pieds d'alouette, ou delphiniums, doivent leur nom à la terminaison en éperon de leurs pétales supérieurs, qui fait penser au rostre du dauphin. Ces renonculacées, répandues pratiquement dans le monde entier, existent en espèces annuelles, bisannuelles et pluriannuelles. Cependant, ce sont principalement les hybrides vivaces qui sont cultivées dans le jardin.

Plantation : de préférence en automne, mais aussi au printemps jusqu'à début mai.

Les pieds d'alouette forment un merveilleux décor d'arrière-plan pour les vivaces un peu plus petites.

Entretien : bien arroser en cas de sécheresse. Faire un apport de compost ou d'engrais complet avant le bourgeonnement. Tuteurer les variétés hautes assez tôt. Raccourcir jusqu'à une largeur de main au-dessus du sol après la première phase de floraison et fertiliser de nouveau. Raccourcir une dernière fois en automne.

Portrait

Floraison : de juin à juillet, seconde floraison d'août à octobre
Couleurs des fleurs : nombreuses nuances de bleu, violet, blanc, rose ; parfois bicolores
Hauteur : 70 à 200 cm
Croissance : port raide, larges touffes ; feuilles lobées en forme de main, vert foncé
Emplacement : ensoleillé ; sol frais et drainé, riche
Utilisation : seul ou en groupes dans les massifs et bordures ; idéal en bouquets
Distance de plantation : 50 à 70 cm
Attention : toutes les parties du pied d'alouette sont toxiques ! Le contact des fleurs et des feuilles peut entraîner des irritations cutanées.
Ravageurs et maladies : les escargots et les limaces, les mouches mineuses ; l'oïdium, la maladie des taches noires.
Les amis : les pieds d'alouette se marient à merveille avec les roses et sont très attrayants dans les massifs de vivaces en compagnie de lupins, de pivoines, de marguerites, de rudbeckias, du pavot oriental ou encore de lys.

Rose de Noël (Helleborus)

Les espèces de cette renonculacée *(Ranunculaceae)* n'ont pas toutes le privilège d'être en fleurs pour Noël. Mais elles nous charment au plus tard au printemps avec leurs jolies fleurs en forme de coupe.

Plantation : la meilleure période de plantation est le début de l'automne. Les plantes que l'on peut se procurer en pot sont déjà proposées en boutons ou en fleurs dès novembre. Elles sont souvent forcées, c'est pourquoi il convient de les habituer progressivement au froid.
Entretien : un apport d'eau occasionnel est recommandé en cas de sécheresse prolongée. En automne, pailler les plantes avec de l'humus de feuillage et

Les hellébores se parent de grandes fleurs spectaculaires.

d'écorce. Sinon, l'entretien se limite à l'enlèvement des feuilles et des fleurs flétries.

Portrait

Floraison : entre novembre et avril selon la variété
Couleurs des fleurs : blanc, crème, jaune clair, vert, rose, rouge, pourpre ou multicolores
Hauteur : 25 à 60 cm
Croissance : touffes aérées ; feuilles lobées en forme de main ou découpées, vert clair à vert foncé
Emplacement : mi-ombragé ; sol drainé, frais, riche en humus et calcaire
Utilisation : seule ou en petits groupes, dans les massifs et bordures mi-ombragés, en bordure de bosquets, également en bacs
Distance de plantation : 20 à 40 cm
Attention : toxique. La sève peut provoquer des irritations cutanées.
Ravageurs et maladies : les limaces et les escargots ; la maladie des taches noires, le mildiou, la pourriture des racines dans un sol trop mouillé.

Les amis : les roses de Noël apportent un peu de variété au printemps, entre le buis, les perce-neiges, les éranthes d'hiver, les primevères et les heuchères *(Heuchera)*.

Hémérocalle (Hemerocallis)

Les hémérocalles ou lys d'un jour forment une famille à part, les hémérocallidacées *(Hemerocallidaceae)*. Certaines espèces, toutes originaires d'Asie du Sud, ont été introduites en Europe dès le XVIe siècle. Aujourd'hui, l'offre est dominée principalement par des hybrides (croisements de diverses variétés sauvages). Il existe dans le monde plus de 40 000 variétés qui fleurissent dans presque toutes les couleurs imaginables.

Plantation : à l'automne ou au printemps.
Entretien : arroser régulièrement en cas de sécheresse, notamment au printemps et en été lorsque les boutons se développent. Apporter du compost au printemps. Enlever les fleurs fanées, puis plus tard les tiges flétries.

Portrait

☼ – ◐ ❀

Floraison : entre mai et septembre selon les espèces
Couleurs des fleurs : toutes les couleurs sauf le bleu franc ; souvent dans des tons de jaune et de rouge ; également bicolores ou multicolores
Hauteur : 40 à 120 cm
Croissance : larges touffes de feuilles minces et retombantes ; hampes florales dressées
Emplacement : de préférence ensoleillé, fleurs plus chétives aux endroits mi-ombragés ; sol frais drainé, riche
Utilisation : seule ou en petits groupes, dans les massifs et bordures, au bord des bosquets, devant les haies ; variétés plus courtes à petites fleurs également en bacs
Distance de plantation : 40 à 60 cm
Ravageurs et maladies : les limaces et les escargots ainsi que les cécidomyies ; enlever immédiatement les boutons tombés. Occasionnellement, aussi les pucerons, les thrips ou la rouille.
Les amis : les lys d'un jour se marient bien avec les pieds d'alouette, les campanules, les iris *(Iris)*, le roseau de Chine ou encore les roses et les clématites.

Les fleurs qui ne durent qu'un jour sont constamment remplacées par de nouveaux boutons.

Hosta (Hosta)

Autrefois comptés parmi les liliacées *(Liliaceae)*, les hostas *(Hostaceae)* sont aujourd'hui considérés comme une famille à part. Au Japon et en Chine, les hostas sont déjà cultivés depuis longtemps comme plantes à feuillage décoratif ; ils firent leur apparition dans les jardins européens il y a environ 200 ans. Ils font aujourd'hui partie des «classiques» de nos jardins aux endroits mi-ombragés ou ombragés.

Plantation : la meilleure époque de plantation est le printemps, mais une plantation en automne, jusqu'au début d'octobre, est aussi possible.
Entretien : arroser régulièrement pendant les périodes de sécheresse. Pailler avec de l'humus de feuillage et d'écorce, ajouter occasionnellement de l'engrais organique aux variétés hautes. En automne, on coupe les feuilles fanées après la fin de la floraison et on couvre les plantes d'une couche non tassée de débris de feuilles.

Portrait

Floraison : de juin à août
Couleurs des fleurs : blanc, rose, bleu clair, lilas, violet
Hauteur : 10 à 120 cm
Croissance : larges touffes ; feuilles, vert-jaune, vert, bleuâtre ou à motif vert-jaune ou blanc-vert
Emplacement : mi-ombragé à ombragé, lumineux, mais à l'abri du soleil direct ; si possible température fraîche et air humide ; sol frais, riche qui ne doit pas se dessécher
Utilisation : seul ou en groupes, dans les massifs et bordures mi-ombragés, en bordure de bosquets ou d'un étang, variétés petites et moyennes en pots et jardinières
Distance de plantation : 30 à 40 cm, un peu moins pour les petites variétés
Ravageurs et maladies : les escargots et les limaces sont une menace pour les plantules et les jeunes pousses tendres. L'otiorrhinque peut provoquer des dommages surtout sur les spécimens cultivés en pot.

Conseil de bon papa

Si les limaces ont une plante préférée, c'est bel et bien l'hosta. Un anneau de protection de molluscicide ou la sélection de variétés au feuillage plus ferme comme 'Big Daddy', 'Halcyon' ou 'June', plus résistantes aux escargots et limaces, s'est avéré utile.

Les feuilles panachées de la variété 'Summer Music' donnent l'impression d'avoir été peintes.

Les amis : les hostas se marient bien avec les campanules, les fougères, les graminées d'ombre, les astilbes, les cierges d'argent *(Cimicifuga)* et autres vivaces d'ombre. On peut également créer des plantations, uniquement avec différentes variétés d'hostas en jouant sur la multiplicité des couleurs et des formes de feuilles et des hauteurs de croissance.

Iris barbu (hybrides de Iris barbata)

Dans la grande famille des iridacées *(Iridaceae)*, qui doit son nom au genre Iris, certaines espèces se perpétuent avec des oignons, beaucoup d'autres forment à la place des rhizomes charnus. Certaines sont spécifiques des endroits humides, voire marécageux, tel le somptueux iris de Sibérie *(I. sibirica)* qui fleurit au début de l'été. Les iris barbus occupent notamment une place importante dans les massifs. Il s'agit de croisements d'espèces originaires d'Europe et du Moyen-Orient avec une structure caractéristique des fleurs. Chaque fleur est composée de trois pétales qui se referment en dôme vers le haut et de trois pétales retombants. À la base de ces pétales pendants se trouvent des excroissances qui ressemblent à des poils, baptisés barbes.

Plantation : après floraison, à la fin de l'été ou au début de l'automne. Planter le rhizome à plat afin que la moitié supérieure repose au-dessus de la terre. Si les feuilles des jeunes plantes n'ont pas déjà été raccourcies, les couper d'environ de moitié.
Entretien : arroser en période sèche, mais ne pas garder le sol très mouillé. Ne pas pailler, car ceci pourrait engendrer de la pourriture. Enlever les tiges flétries. Enlever les vieilles feuilles au printemps et fertiliser avec du compost bien mûri. Diviser tous les 3 à 5 ans et replanter.

Portrait

Floraison : de mai à juin, parfois dès avril
Couleurs des fleurs : toutes les couleurs, même presque noires, souvent bicolores ou multicolores
Hauteur : 15 à 70 cm
Croissance : touffes dressées avec feuilles vert clair à vert gris
Emplacement : aime le plein soleil et la chaleur ; sol bien drainé, riche en matières nutritives, calcaire, frais à modérément sec
Utilisation : en groupes dans les massifs et les bordures, les petites variétés pour la végétalisation des toitures ou dans un jardin de rocaille.
Distance de plantation : 30 à 40 cm
Ravageurs et maladies : les limaces et les escargots ; l'hétérosporiose, la pourriture grise (botrytis), la rouille, la pourriture des racines et du rhizome.
Les amis : les iris barbus sont mieux seuls dans leurs propres massifs, mais peuvent être associés avec de la lavande, de la sauge ou de l'achillée.

La variété très contrastée 'Arctic Fancy' appartient au groupe Iris Barbata Media.

Lavande (Lavandula angustifolia)

Comme beaucoup d'autres plantes aromatiques, la lavande appartient à la famille des lamiacées *(Lamiaceae)*. Comme tout arbrisseau, elle se lignifie à la base des tiges. Cette plante originaire du bassin méditerranéen est bien à sa place parmi les vivaces.

Plantation : au printemps de préférence. Les plantes mises en terre à l'automne devraient être protégées avec un paillis de feuilles mortes ou des aiguilles de pin.
Entretien : n'arrosez qu'en cas d'extrême sécheresse. Mettez, selon la région, une protection légère en hiver. Taillez d'un tiers tous les 2–3 ans au début du printemps et faites un apport de compost ou d'engrais organique.

Portrait

Floraison : de juin à août
Couleurs des fleurs : bleu-violet, blanc ou rose
Hauteur : 30 à 90 cm
Croissance : larges touffes buissonnantes ; feuilles linéaires gris argenté ; parfumée

Conseil de bon papa

La lavande plantée entre les roses éloigne les pucerons.

La lavande fait aussi grand effet en pied isolé en raison de son caractère buisssonnant.

Emplacement : plein soleil ; sol drainé, sableux, de préférence calcaire, pas trop riche
Utilisation : seule ou en massifs et bordures, dans les rocailles, aussi en bacs ; à faire sécher pour son odeur
Distance de plantation : 30 à 40 cm
Ravageurs et maladies : la pourriture grise
Les amis : les roses, les iris barbus, les lys, les sedums et autres vivaces de soleil.

Pivoine de Chine (hybrides de Paeonia lactiflora)

Les pivoines constituent une famille à part, les paéoniacées *(Paeoniaceae)*. Dès le début du Moyen Âge la pivoine officinale *(Paeonia officinalis)*, originaire d'Europe méridionale a fait son apparition dans les contrées du nord, où elle est venue enrichir les jardins des cloîtres et des paysans en tant que plante médicinale et ornementale. À l'époque, dans la Chine lointaine, on avait déjà commencé à développer des formes cultivées de la *P. lactiflora* d'Asie orientale ; les premières furent introduites en Europe à la fin du XVIIIe siècle. Elles ont donné naissance à d'innombrables variétés, dont la pivoine de Chine, qui domine l'offre actuelle de pivoines vivaces.

Plantation : seulement en automne pour les plantes à racines nues, au début du printemps pour celles en conteneur. Les bourgeons des rhizomes ne doivent pas se trouver à plus de 3 cm sous la surface du sol. En cas de climat plus rude, couvrir les jeunes plants.
Entretien : arroser en cas de sécheresse, maintenir humide juste avant la floraison. Lors du bourgeonnement, faire un apport de compost ou d'engrais organique. Tuteurer les variétés à fleurs lourdes. En automne, raccourcir tout près du sol. Les pivoines supportent très mal qu'on dérange leurs racines, c'est

Au fil des ans, les pivoines forment d'imposantes touffes buissonnantes.

pourquoi il vaut mieux pailler que biner, et éviter au maximum de transplanter.

Portrait

Floraison : de mai à juin
Couleurs des fleurs : nombreuses teintes de rose, rouge et violet ; blanc, crème, jaune clair ; parfois multicolores
Hauteur : 50 à 100 cm
Croissance : larges touffes dressées ; feuilles pennées vert foncé
Emplacement : ensoleillé ; sol bien drainé, moyennement sec, riche
Utilisation : seule ou en groupes en massifs et bordures, à l'orée des bosquet en bouquets
Distance de plantation : 40 à 60 cm
Attention : toutes les parties de la pivoine sont légèrement toxiques.
Ravageurs et maladies : les anguillules, les otiorrhynques ; la pourriture grise (botrytis), des maladies de flétrissement et les taches foliaires, des maladies virales.
Les amis : l'ancolie, l'iris barbu, l'achillée, la campanule, le pied d'alouette, la sauge et le géranium cendré

Phlox (Phlox)

Les phlox appartiennent à la famille des polémoniacées *(Polemoniaceae)* et viennent d'Amérique du Nord. Les espèces à grand développement égayent les massifs jusqu'au le mois de septembre par leurs inflorescences en plateau avec des grappes d'ombelles ou des panicules. Les espèces courtes se couvrent de petites fleurs étoilées en tiges aérées à la fin du printemps.

Plantation : au printemps ou à l'automne.
Entretien : arroser régulièrement en cas de sécheresse. Faire un apport de compost ou d'engrais organique

au printemps, pour les espèces courtes tous les 2 ou 3 ans. Pour les espèces hautes, butter un peu les pieds, et si nécessaire, les tuteurer. Chez le phlox mousse, une taille après floraison (environ de moitié) favorise une croissance compacte et souvent une seconde floraison en automne. En fin d'année, tailler le phlox paniculé tout près du sol. En cas d'hivers très froids, recouvrir avec des aiguilles de pin. Diviser de préférence tous les 3 ou 4 ans pour rajeunir les pieds.

Portrait

Floraison: de juin à septembre (espèces hautes), d'avril à mai/juin
Couleurs des fleurs: blanc, rose, rouge, violet, bleu
Hauteur: 70–150 ou 10–40 cm
Croissance: port droit buissonnant ou en coussin ; feuilles du vert clair au vert foncé
Emplacement: de préférence ensoleillé, aussi mi-ombragé ; sol drainé, frais, riche
Utilisation: seul ou en groupes en massifs et bordures, à l'orée des bosquets, dans les jardins domestiques ; espèces courtes dans jardins de rocailles ; espèces hautes en bouquets
Distance de plantation: 30 à 60 cm
Ravageurs et maladies: les anguillules des feuilles et des tiges (nématodes) ; l'oïdium, les taches foliaires fongiques.
Les amis: le coréopsis, la marguerite, le pied d'alouette et le rudbeckia sont les compagnes habituelles du phlox paniculé. Les aubriètes, les corbeilles d'argent et les petites campanules vont très bien avec le phlox mousse.

Les hybrides Phlox-Maculatum possèdent de longues inflorescences très fournies.

Rudbeckia (Rudbeckia)

Comme de nombreuses autres vivaces à massifs, les rudbeckias ou échinacées appartiennent à la famille des astéracées *(Asteraceae)*. Ils viennent d'Amérique du Nord, où ils poussent dans les prairies humides et à l'orée des bois. Leurs fleurs d'un jaune vif forment un superbe spectacle visible de loin.

Plantation: au printemps, mais ces fleurs peuvent aussi être plantées en automne.
Entretien: arroser régulièrement en période de sécheresse. Fertiliser au printemps avec du compost. Attacher les touffes larges sans serrer. Couper régulièrement les fleurs fanées. À l'automne et au printemps, tailler les pousses tout près du sol. Rajeunir par division de préférence tous les 3 ou 4 ans.

Portrait

Floraison: de juillet/août à septembre
Couleurs des fleurs: jaune clair à jaune d'or, rouge, avec un cœur de couleur contrastée sombre
Hauteur: 50 à 200 cm
Croissance: larges touffes dressées ; feuilles ovoïdes, voire largement lancéolées, à bord dentelé, vert profond
Emplacement: ensoleillé et chaud ; sol drainé, riche, frais voire humide, qui ne devrait pas se dessécher
Utilisation: seul ou en groupes en massifs et bordures, en bordure de bosquets, autour des étangs ; idéal en bouquets
Distance de plantation: 30 à 60 cm

Conseil de bon papa

Les préparations à base de rudbeckia – extraits alcooliques de la racine ou sous forme de jus – stimulent les défenses immunitaires.

Les papillons se délectent du nectar des fleurs éclatantes des rudbeckias.

Ravageurs et maladies : les anguillules, les escargots et les limaces ; l'oïdium.
Les amis : le rudbeckia forme de très belles harmonies avec les asters d'automne, le phlox, le pied d'alouette et les graminées ornementales.

Sauge ou sauge des forêts (Salvia nemorosa)

Le genre *Salvia*, extrêmement riche en espèces, appartient aux lamiacées *(Lamiaceae)* et offre bien des trésors pour le jardin. Les espèces annuelles cultivées comme la sauge farineuse *(Salvia farinacea)* ou sauge éclatante *(S. splendens)* peuvent agrémenter les massifs de fleurs d'été ou les balconnières. Avec ses feuilles gris-vert et ses fleurs bleu-violet, la sauge commune aromatique ou sauge officinale *(S. officinalis)* ne fait pas seulement bonne figure dans les carrés d'herbes aromatiques. Toutefois, parmi les vivaces, c'est la sauge des forêts *(S. nemorosa)*, originaire d'Europe et d'Asie Mineure, qui est la plus répandue.
Plantation : de préférence au printemps.
Entretien : l'arrosage n'est nécessaire que pendant les longues périodes de sécheresse. L'idéal est de les tailler avant la défloraison complète et de fertiliser les plantes avec un peu de compost pour favoriser une seconde floraison à la fin de l'été. À l'automne, tiges taillées tout près du sol.

Portrait ☼ ❀

Floraison : de mai à juillet, seconde floraison jusqu'en septembre
Couleurs des fleurs : bleu, violet, rose, blanc
Hauteur : 40 à 70 cm
Croissance : larges touffes dressées ; feuilles d'un vert profond
Emplacement : ensoleillé ; sol drainé, calcaire, riche, moyennement sec voire frais
Utilisation : seule ou en petits groupes en massifs et bordures, en compagnie de rosiers, dans le jardin de rocaille ; idéale en bouquets

Distance de plantation: 30 à 40 cm
Ravageurs et maladies: les nuisibles sont rares, les jeunes pousses peuvent être parfois mangées par des limaces. En cas de conditions climatiques chaudes et humides, la sauge peut être attaquée par l'oïdium.
Les amis: les variétés bleues et violettes forment de jolis contrastes avec les vivaces à fleurs rouges, roses ou jaunes comme la pivoine, le pavot oriental, le coréopsis, l'achillée millefeuille ou le rudbeckia. La sauge des forêts cohabite aussi très bien avec les roses.

La 'Viola Klose', une variété de sauge aux fleurs d'un violet profond, ne dépasse pas 50 cm de haut.

Orpin vulgaire (Sedum telephium)

Avec leurs grosses feuilles charnues, les orpins sont des représentants typiques de la famille des crassulacées *(Crassulaceae)*. Grâce à ses ombelles de fleurs plates à floraison tardive, l'orpin reprise qui vit à l'état sauvage en Europe et jusqu'en Sibérie, compte parmi les plus beaux fleurons du massif automnal de vivaces.

Les orpins vulgaires sont très appréciés pour la décoration florale en pots de la fin de l'été.

Plantation: la période idéale de plantation est le printemps, mais on peut aussi planter les orpins en automne jusqu'à début d'octobre. Les plantes en conteneur sont plantées déjà fleuries en été ou au début de l'automne dans des bacs ou en massifs.
Entretien: leur besoin en eau étant réduit, il ne faut arroser que peu ou pas du tout. Pour l'apport de matières nutritives, un apport de compost tous les 2 ou 3 ans suffit. Les tiges en graines étant décoratives, attendre le printemps pour tailler les orpins au ras du sol. Rajeunir les plantes par division tous les 3 ou 4 ans.

Portrait

Floraison: de juillet/août à septembre
Couleurs des fleurs: rose, brun-rouge, pourpre
Hauteur: 40 à 60 cm
Croissance: en touffes dressées ; feuilles ovales charnues, dentées, vertes, bleu-vert ou rougeâtres
Emplacement: ensoleillé ; sol drainé, très sec, de préférence sableux ou graveleux, pas trop riche en substances nutritives
Utilisation: seul ou en petits groupes en massifs et bordures, en rocailles, en pots et en bacs
Distance de plantation: 30 à 50 cm
Ravageurs et maladies: les anguillules ; la pourriture des racines en cas de sol saturé d'eau, les maladies fongiques de flétrissement.
Les amis: les orpins vulgaires s'harmonisent bien avec les asters d'automne, les chrysanthèmes d'automne, la lavande, les achillées, les dahlias et les graminées ornementales.

Les arbustes d'ornement

Les arbustes d'ornement constituent l'ossature de votre jardin. Ils offrent une grande diversité et s'utilisent à votre guise. Même si le jardin est suffisamment spacieux, les grands arbres ne conviennent pas toujours, déjà pour l'ombre qu'ils projettent. Les arbustes d'ornement constituent ici une bonne alternative.

Grimpants, buissonnants ou rassemblés en haie, les arbustes structurent le jardin.

L'amélanchier fait partie des arbustes dont les couleurs d'automne sont les plus belles.

L'essentiel à savoir

Les végétaux dont les pousses deviennent ligneuses sont divisés en deux groupes : les arbres et les arbustes. Alors que les arbres ont un tronc qui supporte une couronne, les arbustes sont constitués de plusieurs branches principales qui partent de la même base. On trouve des formes arbustives également chez les conifères.

Faire son choix avec soin

Les arbustes sont, idéalement, des acquisitions à long terme, difficiles à transplanter. Faites donc bien attention, au moment de faire votre choix, aux exigences de la plante et à son exposition dans le jardin. Réfléchissez à ses dimensions définitives et préparez soigneusement le site de plantation. Renseignez-vous avant l'achat sur les caractéristiques des différentes variétés de vos arbustes préférés. Ceux-ci ne se différencient pas seulement par leur floraison ou la couleur de leurs feuilles, mais souvent aussi par leur hauteur et leur forme. Leur robustesse et leur résistance à certaines maladies peuvent également faire la différence. Les arbustes sont souvent proposés en conteneurs, dans ce cas ils peuvent être mis en terre tout au long de l'année (sauf lorsque le sol est gelé). Les périodes de plantation recommandées aux pages suivantes sont valables pour les plantes à racines nues, mais restent idéales aussi pour la plantation des végétaux en conteneurs. Les arbustes sont destinés à être plantés seuls. Vous trouverez néanmoins dans la «fiche signalétique» verte des précisions sur la largeur de l'arbuste, qui permet de déterminer la distance à respecter avant de planter d'autres végétaux.

Les jolies coupelles du cognassier du Japon créent une ambiance orientale dans le jardin.

Les arbustes d'ornement : portraits

Buddleia, arbre aux papillons (Buddleja davidii)

Le buddleia, originaire de Chine, est l'arbuste le plus populaire de la famille des Buddlejaceae. Avec l'une des plus longues floraisons parmi les arbustes, il est parmi les plus ravissants et mérite à ce titre une place de choix au jardin. Ses longues grappes parfumées attirent d'innombrables papillons durant tout l'été.

Plantation : de préférence en début d'année, également pour ceux en conteneur. Si vous le plantez à l'automne, il est conseillé de le protéger pour qu'il passe l'hiver.
Entretien : les racines du buddleia restent en surface, il ne faut donc pas gratter ou creuser dans la zone du pied. Le paillage est recommandé, par exemple avec une couche d'humus d'écorces, qui permet par ailleurs un apport en matières nutritives. La coupe des rameaux fanés favorise une longue floraison. Couvrir les racines des jeunes sujets pendant l'hiver avec des feuilles ou des aiguilles de sapin.

Un parfum agréable émane des longues grappes retombantes du buddleia.

Portrait

Floraison : de juillet à octobre
Couleurs des fleurs : tons bleus à violets, rouge, rose ou blanc
Hauteur/largeur: 1,5 à 3 m de haut, jusqu'à 3 m de large
Croissance : arbuste à feuilles caduques, à port retombant pour la plupart ; feuilles en fer de lance, d'un vert-gris mat ; feuillage persistant en cas d'hivers cléments
Emplacement : ensoleillé, un peu protégé ; sol bien drainé, de préférence calcaire, sec à frais ; adapté aux conditions urbaines
Utilisation : en isolé ou en groupes peu serrés, les variétés compactes en bacs
Ravageurs et maladies : les pucerons, les araignées rouges, les nématodes ; les maladies virales.
Les amis : les plantes à floraison estivale de petite taille comme la potentille arbustive et la spirée accompagnent le buddleia et rehaussent sa floraison. Leur floraison bleue ou violette dresse un décor favorable aux rosiers buissons.

Buis (Buxus sempervirens)

Cet arbuste très populaire, qui tire son nom de la famille des buxacées *(Buxaceae)*, est originaire du bassin méditerranéen, où il était déjà cultivé pour former des haies à feuilles persistantes dans l'Antiquité. Dans les jardins des châteaux de la Renaissance et de l'époque baroque, il fait littéralement partie des meubles, pas uniquement en haie droite, mais aussi sous forme de boule, de pyramide ou d'animal. Les haies de bordure basses permettent de donner du style à un jardin domestique classique. Même non taillé et isolé, le buis reste très attrayant et cela tout au long de l'année.

Plantation : au printemps ou à l'automne.
Entretien : arroser en période de sécheresse, également en hiver, les jours sans gelée. Apporter régulièrement du compost à la fin de l'hiver et fertiliser les sujets après la première taille de l'année avec un engrais complet.

Le buis forme de larges boules extrêmement coquettes.

Portrait

Portrait ☼ – ◐ ❀ ☠

Floraison : d'avril à mai
Couleurs des fleurs : jaune ou vert-blanc ; discrètes
Hauteur/largeur : de 0,5 à 3 m de haut, taille adulte : jusqu'à 6 m ; de 0,5 à 2 m de large
Croissance : arbuste buissonnant à feuilles persistantes ou petit arbre, à croissance très lente ; feuilles ovales, brillantes, vert-bleu clair ou vert foncé
Emplacement : ensoleillé à ombragé ; sol bien drainé, riche en humus, calcaire, modérément sec à frais ; adapté aux conditions urbaines
Utilisation : haie taillée ou libre, en topiaire, haie basse pour bordure de massif ; également en pot
Attention : toutes les parties de la plante, notamment les feuilles, sont toxiques en cas d'ingestion.
Ravageurs et maladies : la galle du buis (les feuilles paraissent «cabossées» ; coupez les pousses contaminées), les araignées rouges, les cochenilles.
Les amis : le buis peut se développer sous les grands arbustes, mais produit également un bel effet dans un massif de vivaces, ou encore au milieu de rosiers et d'arbustes à fleurs.

Conseil de bon papa

Pour obtenir des buis en boule ou dans des formes similaires, le mieux est de confectionner des gabarits de fil de fer. Pour les buis en cônes, prenez également des tiges de bambou que vous relierez comme des mâts de tente sur le haut.

Cotonéaster (Cotoneaster)

Le cotonéaster est un genre de la famille des rosacées *(Rosaceae)*, qui regroupe près de 90 variétés, et est originaire d'Extrême-Orient. On trouve une bonne douzaine d'entre eux dans les jardineries, où les variétés naines couvre-sol et rocailleuses sont le plus représentées. Il existe aussi des espèces qui sont proposées en arbustes.
Les cotonéasters sont en général peu exigeants et nous charment tout au long de l'année par leurs petites fleurs, leurs baies et leurs feuilles persistantes ou rougissantes à l'automne. Vous devez toutefois le considérer comme très sensible au feu bactérien, pour lequel il est obligatoire de faire une déclaration. Si vous habitez une zone de vergers, il vaut mieux y renoncer.

Plantation : en automne ou au printemps ; les espèces naines en couvre-sol, jusqu'à cinq ou six au m^2.
Entretien : mieux vaut pailler que bêcher car les racines sont peu profondes.

Portrait

Floraison : de mai à juin
Couleurs des fleurs : blanc ou rose

Des fruits lumineux et des feuilles brillantes caractérisent le cotonéaster.

Hauteur/largeur : variétés naines de 0,2 à 1,5 m de haut et jusqu'à 1,5 m de large ; variétés hautes de 2 à 4 m de hauteur et de largeur.
Croissance : arbustes à feuilles caduques ou à feuilles persistantes, rampants, avec des rameaux retombants ou dressés ; des feuilles ovales d'un vert brillant, parfois avec d'intenses couleurs d'automne
Emplacement : ensoleillé à mi-ombragé ; tous les sols, tant qu'ils ne sont pas trop humides, trop secs ou trop acides ; adapté au climat urbain
Utilisation : les variétés naines en couvre-sol, en rocaille, également en pot ; les variétés hautes en solitaire, en bosquet ou en haie
Attention : légèrement toxique.
Ravageurs et maladies : les pucerons, les cochenilles, les araignées rouges ; le mildiou, le feu bactérien.
Les amis : le cotonéaster nain se marie bien avec d'autres arbustes de petite taille, les vivaces et les graminées. Les variétés hautes s'accordent avec le seringa et la potentille, à condition de ne pas les planter trop près les uns des autres.

Bruyère des Alpes (Erica carnea)

Le genre Erica, qui a donné son nom à la famille des Ericaceae, compte plus de 700 espèces. Toutes forment de petites fleurs en forme de clochette et possèdent des feuilles linéaires. Comme son nom l'indique, la bruyère des Alpes ou bruyère des neiges est originaire de cette chaîne de montagnes, où elle pousse à l'état sauvage et en est la représentante la plus populaire. Depuis longtemps, elle est également appréciée comme plante du jardin à feuilles persistantes et à floraison hivernale et printanière. Comme sa parente, la bruyère à balais, elle est souvent classée comme plante vivace bien qu'il s'agisse d'un arbrisseau nain. La bruyère des Alpes est l'une des rares éricacées à tolérer le calcaire.

Plantation : de préférence au début de l'automne ; également un peu plus tard et en floraison
Entretien : arroser en cas de sécheresse persistante, également en hiver. Ajouter un peu de compost toutes les quelques années. Un léger rabattage après la floraison assure une croissance buissonneuse et une amélioration de la floraison l'année suivante.

La bruyère des Alpes séduit par ses nombreuses fleurs en forme de clochettes.

Portrait

Floraison : selon la variété entre novembre et mai
Couleur des fleurs : rose, rouge, violet, blanc
Hauteur : 15 à 40 cm
Croissance : érigée, large, buissonneuse ; petites feuilles linéaires, en partie dorées ou bronze
Emplacement : ensoleillé à mi-ombragé ; sols légers, humifères, frais, de préférence légèrement acides, également calcaires
Utilisation : en groupes, de préférence sur une surface plus étendue, dans une plate-bande de bruyère, en bordure de plate-bande, en bordure d'arbrisseaux, également en pots et en bacs
Écart de plantation : 20 à 30 cm
Ravageurs et maladies : oïdium, flétrissement dû à des champignons nocifs, souvent aux eaux de ruissellement et à une surfertilisation, rouille
Les amis : la bruyère des Alpes est particulièrement attrayante combinée à des variétés aux fleurs de différentes couleurs. Des herbes et résineux nains égayeront encore ces plantations de bruyères.

Forsythia (Forsythia x intermedia)

Le forsythia, aussi appelé mimosa de Paris, appartient à la famille des oléacées *(Oleaceae)* et figure parmi les arbustes d'ornement les plus prisés. Sa floraison jaune d'or marque le début du printemps dans les jardins. Autrefois, on attendait sa floraison fin mars début avril, mais aujourd'hui, en raison du réchauffement climatique, on peut le voir fleurir dès fin février.

Plantation : à l'automne ou au printemps.
Entretien : très peu exigeant. Quelques apports de compost à la fin de l'hiver suffisent.
Taille : éclaircir l'arbuste tous les 3 à 4 ans, après la floraison, en supprimant ou en taillant sévèrement les branches les plus anciennes qui ne fleurissent plus guère. Coupez les tiges trop longues juste au-dessus d'une ramification.

Les fleurs jaune d'or du forsythia se déploient avant même la feuillaison.

Portrait

Floraison : de mars à avril/mai
Couleur des fleurs : jaune vif
Hauteur/largeur : 1,5 à 3 m de hauteur et de largeur ; les formes naines pour jardinières atteignent 1 m
Croissance : arbuste caduc, buissonnant, évasé, avec au début des tiges droites puis retombantes ; feuilles lancéolées, vert foncé
Emplacement : de préférence ensoleillé ; également clair, sans soleil direct, voire légèrement ombragé ; tous les sols normaux
Utilisation : isolé, en groupe d'arbustes et en haie libre
Ravageurs et maladies : la gracillaria syringella, un insecte, provoque le dessèchement des feuilles qui se recroquevillent. Plus inquiétante, une attaque bactérienne peut entraîner des tumeurs sur les pousses, qui se craquèlent. Si des taches foncées apparaissent sur les feuilles et sur les tiges et si le rameau meurt par son extrémité, il s'agit alors de la galle du forsythia. Dans les deux cas, les tiges atteintes doivent être rabattues jusqu'à la partie saine.
Les amis : la floraison jaune du forsythia se marie idéalement avec le rouge du groseillier à fleurs ou le rose soutenu du cerisier à fleurs. Autre accompagnement réussi : un tapis de tulipes rouges et de jacinthes bleues.

Remarque: des branches coupées à la Sainte Barbara (le 4 décembre) et placées dans un vase d'eau dans la maison seront fleuries pour Noël.

Hortensia (Hydrangea macrophylla)

Les hortensias font partie de la famille des hydrangéacées (Hydrangeaceae), comme le deutzia et le seringa. La grande majorité d'entre eux vient d'Asie, où ils poussent en sous-bois dans les forêts clairsemées. Ils déploient de gros capitules en forme de parapluie ou de panicule. Les hortensias boules sont plus appréciés que ceux à tête plate. Chez ce dernier, la fleur est composée d'une multitude de fleurettes prolifiques et couronnée de fleurs plus grandes mais stériles, qui appâtent les insectes.

Plantation : de préférence au printemps.
Entretien : arroser régulièrement et abondamment en cas de sécheresse. Recouvrir le sol d'un paillis pour maintenir l'humidité. Fertiliser en début d'année avec un engrais organique. Dans les régions aux hivers rudes, recouvrir le sol d'aiguilles de pin.

Les hortensias prennent une couleur bleue dans les sols acides.

Taille : aussi rare que possible ; éclaircir au printemps et supprimer les tiges qui ont gelé si nécessaire. Les hortensias paniculés, par contre, seront rabattus sévèrement à la fin de l'hiver.

Portrait

Floraison : de juillet à septembre
Couleurs des fleurs : bleu, rose, rouge ou blanc
Hauteur/largeur : 1 à 2 m de haut ; jusqu'à 3 m de large
Croissance : arbuste à feuillage caduc, formant un large buisson ; feuilles ovales, vert foncé
Emplacement : de préférence mi-ombragé ou protégé du soleil ; sol riche, frais
Utilisation : en solitaire ou en groupes aérés, également en grands pots
Attention : toutes les parties de la plante contiennent une substance toxique qui peut provoquer des réactions cutanées.
Ravageurs et maladies : les pucerons, les araignées rouges ; le mildiou. Si les feuilles présentent des mosaïques de taches jaunes, des bandes ou des cercles et sont partiellement déformées, ainsi que les pousses, il s'agit alors d'une maladie virale ; les parties atteintes doivent être éliminées. Si tout le pied est touché, il faut supprimer la plante.
Les amis : sur un sol acide, les hortensias se mêlent bien aux rhododendrons ; ils s'accordent bien avec toute autre sorte d'arbuste à fleurs, en groupes aérés.

Rhododendron, azalée (Rhododendron)

Le genre Rhododendron, qui fait partie de la famille des éricacées *(Ericaceae)*, regroupe près de 800 espèces, dont plus de 500 sont originaires d'Extrême-Orient. La plupart d'entre elles poussent dans le Sud-Est asiatique, en Chine et au Japon, et ne survivent pas à la rudesse de nos hivers. Les autres sont réparties en Amérique du Nord, en Europe, en Asie Mineure ou en Australie. Les quelques rhododendrons que l'on rencontre sous nos latitudes poussent dans les régions montagneuses et sont déclarés

Parmi les variétés d'azalées, il en existe une à floraison jaune et orange.

Conseil de bon papa

Les rhododendrons Inkarho® sont des variétés largement tolérantes au calcaire et qui se développent donc très bien dans des sols d'une valeur de pH jusqu'à 7.

espèces protégées. Figurent parmi elles le rhododendron ferrugineux *(Rhododendron ferrugineum)*, également appelé laurier-rose des Alpes, et le rhododendron cilié ou poilu *(R. hirsutum)*.
Dans les jardins, on utilisera principalement des hybrides issus de croisements de plantes américaines et asiatiques. On appelle azalées les hybrides nains à feuilles caduques et les plantes d'appartement qui ne résistent pas au froid.
Les rhododendrons sont de superbes arbustes qui, en dehors de leur floraison magnifique, séduisent également par leur feuillage brillant et persistant, vert foncé. La plupart des rhododendrons ont besoin d'un sol acide, avec un degré d'acidité (pH) de 4,5 à 5 ; ils supportent mal un sol trop calcaire. L'idéal est d'y ajouter de la tourbe, de la terre de bruyère, du compost de feuilles mortes ou d'aiguilles de pin.

Plantation : au printemps ou à l'automne
Entretien : arroser abondamment par temps sec, même en hiver, hors gelées ; utiliser de l'eau non calcaire, l'eau de pluie par exemple. Ne pas bêcher ou biner autour du pied ; recouvrir le sol d'un paillis acide, comme des feuilles de chêne, des écorces de liège, des feuilles mortes ou des aiguilles de pin. Fertiliser avec un engrais spécial rhododendron en mars et/ou juin si nécessaire. Casser avec soin les branches mortes, sans endommager les nouveaux bourgeons.
Taille : supprimer les rameaux morts et trop vieux dès la fin de l'hiver. Les arbustes devenus disgracieux pourront subir une taille sévère de 50 à 60 cm, de préférence juste après la floraison.

Portrait

Floraison : de mars à juin selon les variétés
Couleurs des fleurs : presque toutes les couleurs, la plupart dans les tons clairs
Hauteur/largeur : 0,3 à 4 m de haut, plus large que haut
Croissance : arbuste à feuilles persistantes, largement buissonnant ; feuilles allongées, coriaces, vert foncé
Emplacement : mi-ombragé, aussi légèrement ensoleillé ; protégé du vent ; sol drainé, aéré, riche en humus, frais, impérativement acide
Utilisation : isolé ou en groupe, en lisière de bosquet, sous les arbres, en haie ; les petites variétés en pots
Attention : toutes les parties de la plante sont très toxiques.
Ravageurs et maladies : les pucerons, les cochenilles, les cicadelles, les otiorrynques ; les feuilles jaunissent dans un sol trop calcaire (manque de fer). Le noircissement des boutons floraux (bourgeons bruns avec des capsules noires) et la galle foliaire (épaississement des feuilles, des bourgeons et des inflorescences qui deviennent vert clair) sont des maladies cryptogamiques. Supprimer les tiges atteintes et couper jusque dans la partie saine ; lutter contre les cicadelles par traitement préventif.
Les amis : l'andromède, l'hortensia, le laurier des montagnes *(Kalmia)* et le sapin sont de bonnes plantes compagnes. Le lierre et le Pachysandra couvrent joliment le pied d'un massif.

La floraison des rhododendrons hybrides affiche une impressionnante opulence.

Rosier buisson ou rosier tige, les rosiers se présentent sous plusieurs formes.

Rosier (Rosa)

Parmi les centaines d'arbustes qui existent, le rosier, qui porte «la reine des fleurs», reste le favorit, avec lequel aucun autre buisson d'ornement ne peut sérieusement rivaliser. Celui qui a donné son nom à la famille des rosacées *(Rosaceae)* enchante à la fois par ses fleurs somptueuses, disponibles dans toutes les couleurs ou presque, par sa floraison plus longue que celle de la plupart des autres arbustes, et par de nombreuses formes de croissance. Et bien sûr, par son parfum envoûtant, même si certaines variétés sont peu ou pas odorantes. Tout ceci serait parfait s'il n'y avait pas les épines… que l'on ne peut malheureusement pas éviter.

Les 100 espèces de rosiers sont originaires d'à peu près tous les endroits tempérés de la Terre. Près de 40 espèces vivent à l'état sauvage en Europe, parmi lesquelles l'églantier commun *(Rosa canina)*, le rosier cannelle *(R. majalis)* et le rosier rubigineux *(R. rubiginosa)*. Les roses étaient déjà cultivées dans l'Antiquité, et au Moyen Âge, dans les cloîtres, on appréciait les variétés comme le rosier de France *(R. gallica)* pour leurs propriétés officinales. Au XVIIIe siècle, avec l'importation des premiers rosiers asiatiques, eut lieu une véritable révolution de la rose. Les roses locales fleurissaient une seule fois, au mois de juin, alors que leurs consœurs «exotiques» éclosaient par vagues successives tout au long de l'été. L'introduction des hybrides, obtenus par greffage de la rose-thé de Chine *(R.* x *odorata)* en 1867, marqua le début de l'ère des rosiers modernes, avec bientôt un nombre incalculable de variétés. La plupart sont des rosiers à floraison remontante, c'est à dire qu'ils fleurissent sans interruption tout au long de l'été, jusque tard en automne. Certaines d'entre elles ont peu d'épines.

'Königin der Rosen' est une hybride de thé aux pétales de couleur rose saumon.

La variété 'Gloria Dei' fait partie depuis des siècles des variétés greffées les plus appréciées.

Plantation : les rosiers à racines nues seront plantés entre octobre et avril, hors gelées ; ceux dont les racines sont enveloppées dans une préparation spéciale peuvent être plantés jusqu'en mai. Les rosiers en motte peuvent être plantés entre octobre et juin, les rosiers en conteneur toute l'année en dehors des gelées.
Rabattez les tiges des rosiers à racines nues et enveloppées de 15 à 20 cm, raccourcissez les racines d'un centimètre environ et mettez le plant dans un seau rempli d'eau pendant 12 à 24 heures avant de le planter. Pour les rosiers en motte ou en conteneur, retirez l'enveloppe ou le pot et humidifiez la motte en l'immergeant quelques instants dans un seau. Les rosiers en motte sont, pour la plupart, déjà taillés.
Le trou de plantation devra être au moins 10 cm plus profond et plus large que les racines ou la motte ; pour les rosiers en conteneurs, doublez la profondeur et la largeur. Les rosiers greffés seront plantés de façon à ce que le renflement du greffage se trouve 5 cm sous terre. Après la plantation, arrosez abondamment et buttez la terre jusqu'en haut des tiges. Si vous plantez à l'automne, vous n'enlèverez cette protection qu'en début d'année suivante ; pour une plantation au printemps ou en été, attendez 6 à 8 semaines que les pousses aient pris 10 cm.
Entretien : arroser abondamment en cas de sécheresse persistante, sans garder la terre trop humide. Faire un apport de compost en automne et mettre un engrais longue durée au printemps. Sinon, fertiliser avec un engrais complet en mars et en juin (dernier rendez-vous pour la fertilisation). Supprimer régulièrement les fleurs fanées des rosiers remontants en coupant au-dessus d'une feuille à 5 ou 7 folioles. Dès le début d'année, supprimer les gourmands : creuser légèrement la terre et arracher net le rejet à la base du porte-greffe. Dans les régions plus froides, butter les rosiers greffés, les rosiers à massif et les rosiers nains sur environ 20 cm avec de la terre ou du compost bien mûr et recouvrir avec des aiguilles de pin ou de la paille. Les rosiers buissons et les rosiers grimpants, ainsi que les couronnes des rosiers tiges, seront enveloppés dans un sac de jute ou de lin, éventuellement rempli de fibre de bois ou de paille, resserré au niveau du collet de greffage. Ne jamais envelopper les plants dans un film imperméable à l'air ! Retirer les protections et la terre de buttage au printemps, lorsque les forsythias commencent à fleurir.

'Grandhotel' est une variété qui pousse haut.

Taille : il existe de nettes différences selon les types de rosiers.

Portrait

Floraison : de juin à octobre ; les rosiers non remontants en juin, parfois dès le mois de mai
Couleurs des fleurs : presque toutes les couleurs sauf le bleu
Hauteur/largeur: 0,3 à 4 m ; les grimpants de 2 à 6 m de haut

Le rosier grimpant 'Coral Dawn' enchante par sa floraison riche et légèrement parfumée.

Croissance : arbuste à feuilles caduques, buissonnant, également grimpant ou rampant ; feuilles alternes pennées, vert mat.
Emplacement : aéré, ensoleillé ; plusieurs variétés apprécient les endroits mi-ombragés ; sol drainé, riche en humus et en matières nutritives, frais pas trop calcaire ; adapté aux conditions urbaines
Utilisation : isolé ou en petits groupes ; les rosiers à massifs et les couvre-sols en grands groupes ; en solitaire, en plate-bandes, en groupe d'arbustes ou en haie, adossé à un mur, sur un portique ou une pergola ; les variétés naines en pots ; les hybrides et les rosiers à massif pour la confection de bouquets

Conseil de bon papa

Produit de traitement à faire soi-même : mélanger 200 g de savon noir, 100 g d'alcool à brûler et 10 g d'acide salicylique (utilisé pour épaissir la confiture) dans 10 l d'eau. Le mélange est utile pour combattre l'oïdium et les pucerons.

Le rosier 'Friesia' donne des fleurs jaune vif au parfum intense.

Ravageurs et maladies : il existe toute une série de calamités qui peuvent toucher les rosiers.

- Les ravageurs : les pucerons, les punaises, les araignées rouges, les thrips, les cochenilles et les cicadelles dévorent les feuilles et quelquefois les bourgeons et les fleurs. Les otiorrynques et les larves de tenthrèdes et de papillons (enrouleuses) attaquent les feuilles ; les larves de la mouche du rosier enroulent la feuille autour d'elles tout en rongeant le bord. Les larves d'insectes perceurs transpercent les tiges de part en part, si bien que la tige meurt.
- Les maladies : l'oïdium, le mildiou, la rouille, les taches foliaires, la pourriture grise (botrytis) peuvent apparaître sur les bourgeons et les fleurs. La maladie des taches noires du rosier, causée par un champignon, provoque sur les feuilles des taches aux bords dentelés, d'abord brunes puis noires. Le chancre du

Les rosiers anglais, ici le 'Graham Thomas', sont robustes et parfumés avec une floraison durable.

Suspendus à une pergola, les rosiers grimpants créent des corridors charmants.

rosier provoque des taches brunes bordées de rouge et enfoncées dans la tige, qui, en cas d'attaque sévère, la font mourir. Des taches en mosaïque, circulaires ou linéaires, sur les feuilles traduisent la présence d'un virus.

Les amis: les rosiers à massif, les hybrides et les rosiers buissons s'accordent bien avec le pied-d'alouette, la lavande, l'alchémille, la campanule, le coréopsis, le phlox et le lys d'un jour ; parmi les arbustes, le buis, la potentille arbustive et le seringa.

Lilas (Syringa vulgaris)

Le berceau du lilas commun *(Syringa vulgaris)* se trouve en Europe du Sud, bien que depuis le XVIe siècle il peuple également les jardins d'Europe centrale, plus au nord, ceux-là. Pendant les cent dernières années, cette oléacée *(Oleaceae)* à fleurs violettes a donné naissance à de nombreux hybrides issus de croisements avec d'autres espèces, que l'on trouve sur le marché également sous l'appellation de lilas français ou d'hybrides de S. vulgaris. Les grappes de fleurs généreuses atteignent jusqu'à 20 cm de longueur et se parent d'une large palette de couleurs. Malheureusement, le parfum merveilleux de l'espèce d'origine s'est perdu au cours des multiples hybridations.

Plantation: à l'automne et au printemps.

Entretien: penser à faire un apport de compost et d'engrais complet tous les ans au printemps. Éliminer régulièrement les grappes fanées. Dès le début du

Conseil de bon papa

Pour profiter le plus longtemps possible des jolies fleurs du lilas, retirer le plus rapidement possible les thyrses fanés afin d'augmenter la floraison de cet arbuste.

La cohabitation directe du blanc et du violet produit un effet charmant.

printemps, on peut supprimer les gourmands directement à la base.
Taille : les premières années, raccourcir d'un tiers les branches principales après la floraison, pour favoriser le développement de la ramure. Ensuite, éclaircir au début du printemps.

Portrait

Floraison : de mai à juin
Couleurs des fleurs : violet, mauve, bleu, rose, rouge, blanc ou jaune pâle
Hauteur/largeur : 3 à 6 m de haut ; 3 à 4 m de large
Croissance : arbuste à feuilles caduques à port dressé ou arbustif, drageonnant ; feuilles ovales en forme de cœur, vert brillant
Emplacement : ensoleillé à mi-ombragé ; tous sols drainés, pas trop acides
Utilisation : en solitaire sur une pelouse, en groupe d'arbustes et en haie libre ; pour bouquets
Ravageurs et maladies : les pucerons, la mineuse du lilas (dont les larves dévorent les feuilles de l'intérieur) ; l'oïdium, les maladies virales, le chancre bactérien (taches sombres sur les feuilles et les tiges, parfois l'extrémité des tiges se flétrit ; rabattre les rameaux atteints jusqu'à la partie saine).
Les amis : le lilas s'accorde bien avec d'autres arbustes à fleurs comme le deutzia, les pivoines, le seringa ou le corète du Japon.

Viorne obier ou boule de neige (Viburnum)

Les 150 espèces du genre Viburnum font partie de la famille des caprifoliacées *(Caprifoliaceae)* et poussent dans presque toutes les régions tempérées et subtropicales de l'hémisphère nord. Seules quelques-unes d'entre elles portent des inflorescences en forme de « boule de neige ». Les autres viornes arborent des panicules de fleurs en forme de parapluie.

La viorne 'Roseum' se pare de grandes boules de neige opulentes.

Plantation : de préférence à l'automne.
Entretien : arroser en cas de sécheresse persistante. Apporter du compost à l'occasion.
Taille : éclaircir au début du printemps ou après la floraison, tous les ans pour les variétés les plus vigoureuses.

Portrait

Floraison : de mai à juin, parfois dès l'hiver ou au printemps
Couleurs des fleurs : blanc, virant parfois au rose, ou rose
Hauteur/largeur : 0,5 à 5 m de haut ; 1 à 4 m de large
Croissance : arbuste à feuilles caduques, parfois persistantes, port buissonnant large ; feuilles ovales dentelées, d'un vert clair à foncé, avec parfois de jolies teinte automnales
Emplacement : ensoleillé à mi-ombragé ; sol drainé, riche en humus, frais à modérément sec ; la viorne lantane et la viorne à feuilles ridées sont adaptées aux conditions urbaines
Utilisation : en solitaire, en groupe d'arbustes ou dans une haie fleurie
Attention : les baies non comestibles sont légèrement toxiques.
Ravageurs et maladies : les pucerons, les punaises, les chrysomèles, les araignées rouges ; les taches foliaires cryptogamiques.
Les amis : en groupes d'arbustes épars et en haies avec des arbustes à croissance haute comme le noisetier, le sureau et le cornouiller mâle.

Weigélia (Weigela)

Les weigélias forment un petit genre au sein de la famille des caprifoliacées *(Caprifoliaceae)*. Parmi les dix espèces originaires de Chine, du Japon et de Corée, le Weigela floribunda a conquis les jardiniers et s'est bien intégré en tant qu'arbuste horticole. Les hybrides issus des croisements de différentes espèces sont particulièrement appréciés. Avec ses fleurs en forme de clochettes qui s'éclaircissent en fleurissant, le weigélia fait partie des plus jolies plantes à floraison estivale. Il nous fait également profiter d'une floraison tardive à l'automne.

Le weigélia produit un effet très pictural avec ses rameaux retombants.

Plantation : de préférence à l'automne.
Entretien : un peu de compost tous les deux ans.
Taille : supprimer les branches les plus anciennes au ras du sol tous les 2 à 3 ans ; peut supporter une taille sévère de rajeunissement.

Portrait

Floraison : de mai à juin
Couleurs des fleurs : rose, rouge et blanc
Hauteur/longueur : 2 à 3 m de haut ; 1 à 2 m de large, les variétés plus petites de 0,7 à 1,5 m
Croissance : arbuste à feuilles caduques, à port dressé puis à rameaux retombant par la suite ; feuilles ovales, taillées en pointe, vert clair
Emplacement : ensoleillé de préférence ou mi-ombragé ; sol drainé, riche en humus et frais ; adapté aux conditions urbaines
Ravageurs et maladies : de rares chrysomèles ou taches foliaires cryptogamiques.
Les amis : en haies mixtes ou en groupes d'arbustes, associés au deutzia, à l'amélanchier, au lilas, au seringa et au corète du Japon.

Index

Crédits photographiques

Archiv Hans-Werner Bastian, Brühl: S. 6, 12, 13, 23, 24, 27, 29, 34, 40, 43, 44, 46, 50, 55, 57, 60, 62
BGL: p. 49 g. en haut
BilderKiste – Monika Zilliken, Hünstetten*: /Monika Zilliken p. 9, 11, 15 en haut, 16, 28, 36, 45
CMA: p. 38, 47 en haut
Fotolia: /© Lianem p. 14, /© maronnika p. 7, /© Windecker, Tommy p. 18 en haut
Gartenschatz GmbH, Stuttgart: p. 10 en haut, 21, 26, 35, 39, 41, 42, 47 en bas, 53
Kullmann & Partner GbR, Stuttgart: 52
PIXELIO: /© bbroianigo p. 49 d. en haut, /© Berdel, Lars: p. 31, /© Blenkers, Thomas: p. 54 en bas, /© Borchard, Alfred: p. 22, /© Braune, Christine: p. 56, /© Catfriend: p. 51, /© Creature: p. 59 au milieu, /© Domnik, Kurt F.: p. 8, /© Friedrich, I.: p. 25, /© Groß, Sigrid: p. 59 en bas, /© Joujou: p. 10 en bas, 63, /© Jurman, Michael: p. 49 en bas, /© kathi50: p. 37, /© Köhler, Rita: p. 61, /© Kultor: p. 48, /© Löffler, Marion: p. 58 au milieu, /© Lutz, Angelika: p. 15 en bas, /© Nafas: p. 58 en bas, /© Pegas: p. 19, /© Plutzkat, Achim: p. 55, /© Rennekamp, Doris: p. 54 en haut, /© Sawistowski, Elke: p. 33, /© Snuesch: p. 30, /© Stolze, Bettina: p. 18 en bas, /© uwe275: p. 58 en haut, /© Wolf, Klaus-Peter: p. 59 en haut
Wolfgang Redeleit, Bienenbüttel: p. 17, 32

* Nous tenons à remercier très chaleureusement la pépinière Reinsch, Hünstetten-Wallbach sans laquelle plus d'une illustration n'aurait pas été réalisable.